Paulo Cesar Sandler

Clássicos do Brasil

SIMCA

São Paulo

Copyright © 2011 Alaúde Editorial Ltda.

Todos os direitos reservados. Nenhuma parte desta edição pode ser utilizada ou reproduzida – em qualquer meio ou forma, seja mecânico ou eletrônico –, nem apropriada ou estocada em sistema de banco de dados sem a expressa autorização da editora.

O texto deste livro foi fixado conforme o acordo ortográfico vigente no Brasil desde 1º de janeiro de 2009.

PRODUÇÃO EDITORIAL:
Editora Alaúde

REVISÃO:
Cecília Madarás e Shirley Gomes

CONSULTORIA TÉCNICA:
Bob Sharp

IMPRESSÃO E ACABAMENTO:
Ipsis Gráfica e Editora S/A

1ª edição, 2011

Dados Internacionais de Catalogação na Publicação (CIP)
(Câmara Brasileira do Livro, SP, Brasil)

Sandler, Paulo Cesar
    Simca / Paulo Cesar Sandler. -- São Paulo : Alaúde Editorial, 2011.

ISBN: 978-85-7881-103-7

1. Simca (Automóvel) I. Título.

11-11039   CDU-629.222209

Índices para catálogo sistemático:
1. Simca : Automóveis : História : Tecnologia   629.222209

2011
Alaúde Editorial Ltda.
Rua Hildebrando Thomaz de Carvalho, 60
04012-120, São Paulo, SP
Tel.: (11) 5572-9474 e 5579-6757
www.alaude.com.br

SUMÁRIO

CAPÍTULO 1 – A origem.. 5

CAPÍTULO 2 – A chegada ao Brasil... 29

CAPÍTULO 3 – A evolução dos modelos 47

CAPÍTULO 4 – Nas pistas.. 77

CAPÍTULO 5 – Curiosidades... 99

CAPÍTULO 6 – Dados técnicos 103

Fontes de consulta... 106

Crédito das imagens.. 107

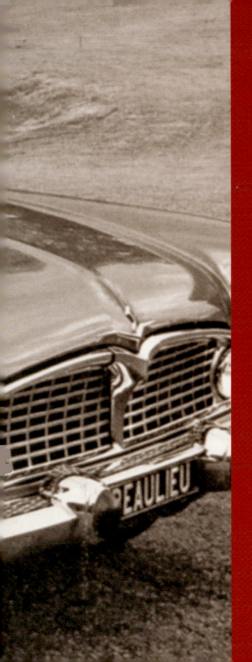

CAPÍTULO 1

A ORIGEM

SIMCA NA FRANÇA

A Simca – Société Industrielle de Mécanique et Carrosserie Automobile – foi oficialmente fundada em 1935 e permaneceu em atividade até 1970. Talvez seja mais exato dizer que foi criada em 1924 e fechada em 1986, pois mudou de dono e foi rebatizada em alguns momentos. Criou, com a Renault, a Peugeot e a Panhard, a "escola francesa" de construção automobilística, provendo maior espaço, conforto interno e desempenho em estrada do que a concorrência europeia.

A Simca se diferenciava de todos os outros ao oferecer a melhor relação custo-benefício, mas aproveitava desenhos de outras companhias. Insistiu mais na beleza internacionalizada que estivesse na moda, ditada pela escola americana, do que na excelência técnica, caracterizando sua política cautelosa e conservadora. Fazia produtos para o momento, tática que a tornou incapaz de se adaptar à época dos grandes mercados.

DA ITÁLIA À FRANÇA

Os Agnelli, proprietários majoritários da Fiat, empresa que acabou originando a Simca.

Em 1924, Gianni Agnelli, proveniente de uma família famosa e influente de Turim, andava muito preocupado. Era proprietário majoritário da Fabbrica Italiana Automobili Torino, mais conhecida pelo acrônimo F.I.A.T. (escrevia-se assim, com pontos), império que desde o início do século dominava a nascente indústria automobilística e boa parte da economia italiana.

A séria dificuldade enfrentada pelo empresário era o fornecimento de matéria-prima, mais precisamente de ferro. A unificação tardia do país e as consequências trazidas pela derrota na Primeira Guerra Mundial foram as causas principais para tal quadro; também havia questões de qualidade e custos, que tornavam quase impossível conseguir outros fornecedores do mineral.

A origem

A solução veio de um colaborador do *capo dei cappi* Agnelli, Teodoro Enrico Pigozzi, de 26 anos, que sugeriu comprarem sucata da região do Ruhr, na época pertencente à França, que dispunha de sobras de guerra. A sugestão foi aceita e Agnelli nomeou Pigozzi como seu procurador plenipotenciário na França.

DE EXPORTADOR A INDUSTRIAL

Pigozzi foi muito bem-sucedido como exportador de matéria-prima, garantindo a posição da Fiat como maior construtora italiana. Agnelli recompensou-o e o colocou na posição de distribuidor exclusivo dos automóveis Fiat na França. Era um bom negócio: exportava matéria-prima, que retornava como produto manufaturado. Tudo ia bem até 1929, ano da quebra da Bolsa de Valores de Nova York, que fez o governo francês proibir as importações.

A alternativa era iniciar uma montadora local, privilégio reservado legalmente aos franceses. Pigozzi driblou esse obstáculo mudando seu prenome e adquirindo a cidadania francesa. Conhecido desde então como Henri-Théodore Pigozzi, não precisou de muita pesquisa para localizar dois hangares em desuso na cidade de Suresnes, anteriormente usados para o fabrico de aviões militares.

Em 1931, já havia uma fábrica, mas lhe faltava tecnologia e uma equipe de engenharia de produção. Para resolver esses problemas, procurou por fábricas quase falidas que perderam contratos militares, e contratou a Chaise para fundir blocos e usinar cabeçotes segundo o desenho italiano, além da Manessius & Levalois para confecção de carrocerias. A Renaudin & Losson cedeu de bom grado suas instalações para fazer transmissões.

Paris, terra da Citroën e da Renault, começou a ser inundada pelos pequenos Balilla, semelhante a um Ford Modelo A, de 1 litro, feito com peças italianas, mecânica convencional e arrefecimento a água. O carro foi adaptado a tempos difíceis e

Fiat Balilla, cuja versão francesa foi chamada de Fiat 6 CV.

batizado com o apelido de Gian Battista Pessaro, um jovem famoso por ter dado uma pedrada no governante austríaco que administrava Gênova antes da unificação. O nome tornou-se sinônimo de "garoto". Como o ditador Benito Mussollini usou o mesmo apelido para seduzir o país e criou os esquadrões infantis Balilla, ao mesmo tempo que homenageou seu padrinho Agnelli, Henri-Théodore achou melhor suprimir o nome político e deixou apenas Fiat 6 CV. Vendeu 29.000 unidades em dois anos, quase 15.000 por ano – enorme sucesso para uma época de falência generalizada.

Entre 1932 e 1935, Henri-Théodore acelerou a aquisição de empresas menores, que lhe deram ganho de produção e redução de custos. Atingiu autossuficiência de matéria-prima, mas o empresário tinha noção da necessidade de um produto mais afinado com o sofisticado e exigente gosto francês. Na cidade ou no campo, a França era a terra do *design* e do *connoisseur*. O comprador de automóveis daquela época era o burguês em ascensão ou o milionário em decadência, todos cônscios de sua imagem, acostumados à melhor *haute côuture* (alta costura) do mundo – inclusive de carrocerias de automóvel.

O NASCIMENTO DA SIMCA

O pequeno Simca-Fiat 11 CV.

A história da empresa francesa começou em 1935, quando Pigozzi comprou sem titubear a Donnet, de Nanterres, segunda indústria de automóveis da França, menor apenas que a Renault, porém maior que a Citroën. As instalações físicas e a equipe de profissionais eram agora propriedade de Pigozzi, que suspendeu sua confiável mas antiquada linha de produtos. Assumiu o cargo de PDG – *Président-directeur-général* – da recém-constituída Société Industrielle de Mécanique et Carrosserie Automobile (Sociedade Industrial de Mecânica e Carroceria de Automóveis, em português), ou simplesmente Simca, para fazer os Simcas-Fiats, agora grafados sem os pontos.

A origem

Henri-Théodore Pigozzi, homenageado pelo governo Blum como gênio e benfeitor industrial "francês", apresentou o recém-lançado Ardita, de 1,7 litro, com o nome de Simca-Fiat 11 CV. Como o Modelo 6 CV, diferia dos italianos no desenho da grade do radiador e no emblema. Sem encarecer muito os custos de produção, ofereceu sete estilos de carroceria para o Modelo 6 CV, inclusive um esportivo de dois lugares, e dois estilos para o Modelo 11 CV: sedã de quatro portas e conversível de duas portas.

Em 1936, a Simca adaptou um carro desenvolvido pela Fiat, o Simca-Fiat 5 CV, de 500 cm³, nomeado Cinquecento e apelidado na Itália de Topolino (ratinho), um microcarro confiável de dois lugares desenhado por Dante Giacosa. Com grade considerada mais harmoniosa do que a original, foi chamado pelos franceses de Simca Cinq, cuja semelhança com o som produzido pelo arranhar das trocas de marchas criou, por mera coincidência, um bem-humorado trocadilho que ajudou a memorizar a marca e popularizar o carrinho.

Entre 1937 e 1938, também foi lançado o Simca-Fiat 8 CV (Huit), ou Fiat Millecento, substituto do Balilla, projetado para a classe média. Esse novo modelo vendeu 28.000 unidades e tornou a Simca a segunda maior fábrica na França, ultrapassando a Peugeot e a Citroën. Mais

Simca Cinq, versão francesa do Fiat Topolino.

À esquerda: o Simca-Fiat 8 CV projetado para a venda na Inglaterra. À direita: o Simca-Fiat 8 CV cupê, voltado exclusivamente para o mercado francês.

Simca-Gordini do final dos anos 1940, cujo sucesso nas pistas se deve ao pequeno motor da Simca.

Após a paralisação da produção de carros de passeio ocorrida durante a Segunda Guerra Mundial, a Simca voltou a produzir em 1946, restringindo-se a derivados do Fiat Topolino 5, 6 e 8. Os franceses levavam grande vantagem em relação a outros países, pois seu parque industrial, em especial o de Paris, quase não sofrera bombardeios e podia retomar a produção rapidamente.

Em 1948, foram realizadas duas modificações estéticas no Modelo 5: grade horizontalizada e mudança dos faróis, que perderam o "abrigo" e foram relocalizados internamente à grade dianteira. Como modificação mecânica temos a adição das válvulas no cabeçote, cortesia da Chrysler, que ajudava substancialmente a Fiat, pelo Plano Marshall.

Em 1949, o Modelo 8 ganhou porta-malas mais adequado e motor de 1.221 cm^3 e 40 cv, além de carroceria conversível, chamada na França de cabriolé – o primeiro desenho de carroceria exclusivo para a Simca, totalmente independente da Fiat. Seu desenho praticamente copiava o maior desenho de carros esportivos da época, o Cisitalia de Pinin Farina, com para-lamas dianteiros elevados em relação ao capô do motor; por sua vez, inspirado em um desenho alemão de um Volkswagen especial de Erwin Komenda. O Simca Huit Sport era montado na Facel-Métallon, poupando espaço na fábrica de Pigozzi. Embora com desempenho quase

racional e moderna do ponto de vista de economia de produção que as concorrentes, tinha apenas quatro modelos com variações cosméticas, enquanto as outras empresas tinham mais de vinte.

Em 1939 a produção do desatualizado Modelo 11 foi interrompida, e o Modelo 8 recebeu uma caprichada carroceria cupê, distanciando-o mais do original peninsular. Outro italiano naturalizado francês associou-se à Simca: Amédée Gordini, nascido Amedeo. Chamado de *le sorcier* (o feiticeiro), Gordini conseguiu transformar o lento Simca Cinq em um carro de corrida, realizando com sucesso a vocação esportiva que a Simca já havia tentado demonstrar anteriormente com os conversíveis e cupês 8 e 11. A criação de Gordini ampliou ainda mais o *appeal* de vendas da empresa quando os Simca-Gordinis se impuseram nas pistas de corrida.

A origem

medíocre, com 50 cv, alto peso e 135 km/h (o sedã alcançava 128 km/h), foi um bom negócio para ambas as empresas, pois a Facel, que antes vendia vinte unidades por dia, passou a vender junto com a Simca média superior a 20.000 unidades por ano.

Em 1951, foi lançado o Simca 9 (Neuf), ou Aronde, que liderou o mercado voltado à classe média e estabeleceu a diferenciação e o avanço estilístico inaugurado com o Huit Sport em relação ao Fiat. O nome do modelo usava a pronúncia medieval de *hirondelle* (andorinha), vinda do inglês *arundel*, e deu origem ao símbolo da Simca: uma andorinha estilizada. Agradável na aparência externa e interna, o carro vinha equipado com o motor do Huit, que deslocava 1.221 cm^3, e tinha bloco de ferro fundido, comando de válvulas lateral, válvulas mais modernas em liga de aço, tuchos mecânicos e balancins, câmbio de três marchas, embreagem por monodisco a seco, diferencial com engrenagens do tipo hipoide e era bem integrado ao mercado, que tinha crescente preferência pela convencionalidade. Pigozzi não hesitou em americanizar o estilo e a mecânica: para-lamas integrados, carroceria monobloco, molas helicoidais dianteiras, suspensão traseira por eixo rígido com feixes de molas longitudinais. Parecia o americano Buick: era antiquado, mas bastante eficiente, além de manter a tradição francesa de rodar extremamente

Simca Huit Cabriolet, esportivo que marcou o início da produção Simca com desenho independente da Fiat.

Aronde, o modelo mais importante da Simca. Foi produzido em diversos países.

Simca Aronde Break 1955.

suave. Finalmente um carro pequeno aparentava poder oferecer muitas qualidades de um carro grande. Em um ano e meio, vendeu 50.000 unidades.

Em 1953, foram lançados o Aronde Break (perua) e o Grand Large (um hardtop sem coluna de duas portas de estilo americano). O Huit Sport, por sua vez, teve como única alteração a suspensão totalmente independente. A Simca era um dos maiores sucessos da indústria automobilística francesa de todos os tempos:

100.000 Arondes haviam sido vendidos em março, no mesmo ano de seu lançamento; em 1957, 500.000 unidades do modelo pontilhavam o mundo, apreciado

A origem

do Vietnã ao Brasil. O Aronde serviu para Pigozzi voltar a fazer o que sabia melhor: adquirir mais fábricas. Comprou duas grandes fábricas de caminhões pesados, a Unic francesa e a Saurer suíça.

Em agosto, um sedã sem modificações tentou completar 100.000 km no Autódromo de Montlhéry a 100 km/h e conseguiu fazer 115.000 km com média de 103 km/h, provando robustez e confiabilidade mecânica em condições de teste com pilotos profissionais e pista adequada. Apesar do bom desempenho, os primeiros Arondes não eram lá muito bem-feitos para o uso cotidiano: a parte elétrica, a embreagem, o sistema de arrefecimento e a suspensão se revelaram fontes de contínuas dores de cabeça, com problemas tanto na qualidade da montagem quanto na estrutura do virabrequim. Recebidos entusiasticamente, no espaço de cinco anos, começaram a ganhar uma reputação de fragilidade, principalmente em países mal servidos por estradas de rodagem, como é o caso do Brasil, problema agravado pela rede de assistência técnica geralmente ruim e destreinada fora da França. A longa carreira do modelo, porém, possibilitou seu desenvolvimento e sua sobrevivência até 1965 (na Austrália), alcançando 1.274.859 unidades, caracterizando grande sucesso em sua época.

A COMPRA DA FÁBRICA FORD EM POISSY

Pigozzi rodeado pelo Aronde, principal produto de sua fábrica.

Pigozzi, perspicaz quanto às tendências do mercado, percebeu a necessidade de uma linha mais sofisticada para satisfazer compradores cujo poder aquisitivo aumentava a olhos vistos: quase todos os europeus queriam possuir produtos americanos. Bem informado, sabia que Henry Ford II queria vender sua fábrica em Poissy, instalada em 1939 no subúrbio de Paris; acompanhara as estrepolias de Henry Ford, avô de HF II, que havia recuperado a licença para fazer produtos Ford por preço irrisório, vendida nos anos 1920 para a Mathis de Estrasburgo.

Henry Ford II tentava salvar da falência o que havia herdado, atraindo a peso de ouro excelentes administradores: Ernest Breech e Robert McNamara; e técnicos experimentadíssimos da General Motors: Earle Steele McPherson, um gênio de suspensão e chassi, e Franklin Q. Hershey, estilista talentoso, que formaram uma equipe depois chamada de *whiz-kids* (meninos-prodígios).

Ford Vedette fabricado entre 1949 e 1951. Modelo comprado por Pigozzi junto com a fábrica em Poissy.

Uma das primeiras atitudes foi suspender na última hora o lançamento do que deveria ser o novo Ford do pós-guerra: um carro pequeno de estrutura monobloco desenhado por Bob Gregoire para lembrar a fuselagem de um avião, mas acabou semelhante a uma banheira invertida. Temiam a reação negativa do público, pois carro pequeno com aparência futurista era tido como coisa para europeus. Tinham razão: Nash, Hudson, Willys e Kaiser, que tentaram pelo menos uma dessas duas ideias, encontraram a falência. O projeto de Gregoire, em tamanho normal para o mercado americano, foi lançado nas marcas Mercury e Lincoln. À Ford S. A. F. (Societé Anonyme Française) foi confiada a função de quebra-galho: começou a produzir em 1948 o carro compacto recusado nos Estados Unidos. Pelo menos o nome, Vedette, causou furor, inspirado pelas artistas de teatro de rebolado do Moulin Rouge. Equipado com uma versão diminuída para 2,12 litros e 60 cv do famosíssimo motor V-8 flathead do Ford 1932 modelo B, de 3,6 litros e 65 cv, com a mesma potência, era veloz, mas já obsoleto; sofria de sérios problemas de qualidade de construção. Junto com o Vedette, a Ford oferecia o Ford Comète, um esportivo belíssimo cuja carroceria fora desenhada na Itália por Ghia e era fabricada pela Facel-Metallon.

Nos Estados Unidos, a Ford preparava-se para superar a Chevrolet, objetivo que conseguiu alcançar em 1955, com a equipe de estilo liderada por George Walker, mas dirigida por Frank Hershey e composta pelos talentosíssimos Joe Oros, Bill Boyer, Bob McGuire, Eugene Bordinat, Elwood Engel e o veterano John Najjar, responsável pelo painel de instrumentos, que depois ajudou a fazer e deu o nome de Mustang. Praticamente todos

A origem

os desenhos dessa fábrica eram feitos por essa equipe até 1965; Thunderbird, Lincoln Continental e outros modelos se tornaram verdadeiros clássicos.

Pronto em 1953, o Ford 1955 em escala reduzida agradou tanto a diretoria francesa que foi transplantado para o país para resolver os problemas da Ford France. Nascia o novo Vedette, que compartilhava as linhas com a Ford inglesa de Dagenham: vidros panorâmicos, nome que se dava às janelas que se estendiam sobre as colunas dianteira e traseira, com um desenho cujo contorno lembrava uma perna de cachorro curvada. Ford ofereceu-os em três versões de preço e acabamento, nomeados em homenagem a símbolos da França: Vedette Trianon, o carro de entrada, Vedette Versailles, o intermediário, e Vedette Régence, o mais luxuoso, com rodas raiadas e pintura bicolor. No entanto, Henry Ford II queria se livrar de uma operação que só acumulara prejuízos, e sua direção errática e autoritária foram bem aproveitadas por Pigozzi, que resolveu fazer uma oferta. Em novembro de 1954, tornou-se dono de Poissy.

Pigozzi, demonstrando não ter perdido a perspicácia de sua juventude, usou a mesma tática que dera certo em 1930: aproveitou desenhos já existentes e manteve baixo investimento em equipes técnicas. Fabricou um autêntico carro americano sem gastar nada com projetos, agora com a vantagem do acesso imediato às instalações de uma fábrica moderna. Pretendiam obter mais lucro por unidade, pois suas vendas eram voltadas para a alta classe média. Achavam que o comprador não se incomodaria com a mecânica dos anos 1930 acoplada, de 2,4 litros e 80 cv a um excepcional estilo anos 1950.

Em compensação, a Simca resplandeceu no Salão de Paris de 1955 com os vistosos modelos desenhados em Detroit, empanando os aperfeiçoamentos do Aronde ainda mais americanizado: rodas de menor diâmetro, pintura bicolor, relações de marcha mais adaptadas para rodar em estrada, 48 cv, 1.290 cm^3, grade dianteira mais alongada, sem ressalto central, desenho do teto e vidros. A cópia foi ainda mais flagrante nos novos esportivos de dois lugares que substituíram o Huit Sport: praticamente idênticos ao

Simca Aronde 1955, aperfeiçoado.

Simca Océane, inspirado no Thunderbird 1955 e muito cobiçado atualmente pelos colecionadores.

Thunderbird 1955, cujo estilo também apareceu no Auto Union 1000 Sp. Contraditoriamente, o cupê de teto rígido se chamava Plein Ciel (Céu Pleno), e o conversível, Océane (Oceano); fabricados pela Facel, foram muito apreciados. Seu motor, de 57 cv, equipou o Aronde Montlhéry, de temperamento mais esportivo, recordando as façanhas de desempenho três anos antes: 140 km/h, 20 km/h a mais do que o Aronde.

A renovação do Aronde em 1956 se limitou a uma grade dianteira em forma de "V" invertido. No mesmo ano a linha Vedette ganhou uma station wagon nomeada Marly, que entrou em produção dois anos depois. Infelizmente o mundo enfrentou a crise do petróleo em 1956, resultado do bloqueio do canal de Suez, o que prejudicou as vendas. Alto consumo de combustível e contínuos problemas de qualidade afugentavam os compradores.

A origem

Pestanas sobre a carenagem dos faróis acrescentavam elegância para alguns e vulgaridade, para outros.

Em 1957, o motor Aronde de quatro cilindros foi colocado no Trianon, dando origem ao Ariane, um carro lento, capaz de acelerar de 0 a 100 km/h em apenas 40 segundos, com velocidade máxima de 120 km/h. A G7 Táxi de Paris substituiu toda sua frota de Renault e Peugeot por esse híbrido americano-francês, mais confortável e econômico, que se tornou o favorito desse mercado até 1964. Mas persistia o acúmulo do Vedette V-8 nos pátios de Poissy e nas concessionárias. Infelizmente, o Ariane V-8, antigo Trianon, foi suprimido em 1958. O Beaulieu, por sua vez, substituiu o Versailles. Mais caprichado, tinha bancos inspirados nas *maisons d'haute coûture*, para-brisa panorâmico, uso pródigo de cromados, grades dianteiras mais complexas, rabos de peixe e interior mais luxuoso.

O Régence agora era chamado de Chambord e vinha com trava de direção, lavador de para-brisa, acendedores de cigarro e cinzeiros na frente e atrás, bolsas para objetos atrás do banco dianteiro (em material de tela), iluminação da cabine em dois pontos – para os passageiros do banco da frente e do banco de trás, iluminação de acionamento automático no compartimento do motor e no porta-malas e, ainda, luzes de aviso para o freio de mão puxado

Simca Vedette Marly versão 1958, cujo espaço interno era maior do que o da Peugeot e da Renault.

Simca Ariane de quatro cilindros, cuja proposta era atender à necessidade de um veículo mais econômico.

Clássicos do Brasil

Apesar de manter o acabamento mais simples, o Ariane também recebeu uma versão V-8.

e para a reserva do tanque de gasolina, hodômetros parcial e total, relógio elétrico, luzes de cortesia, espelho para o ocupante do banco dianteiro, pintura bicolor, faróis de neblina, retorno automático da alavanca do pisca-pisca, luzes de estacionamento que podiam ser acionadas separadamente, ora do lado direito, ora do esquerdo, e duas buzinas, também acionadas separadamente: mais potente (dupla), para estrada, ou menos estridente, para cidade. Daí o investimento em complicadas alavanquinhas cromadas para acionar faróis e inúmeros outros equipamentos, como velocímetro horizontal, tampa do porta-malas com um emblema que escondia a fechadura, uso de detalhes plásticos e um sem-número de aspectos chamativos, muitas vezes sem utilidade ou nem um pouco práticos, como cromados no painel e nas portas.

Já a nomenclatura Présidence era aplicada ao topo de linha e designava um modelo luxuoso, com ares de limusine, dotado de estepe externo, seguindo a linha do Lincoln Continental. Também era dotado de escapamento duplo, bancos de couro, rádio-telefone e TV para os ocupantes do banco traseiro (pioneiro na Europa), e vinha exclusivamente na cor preta. Tanto o Chambord quanto o Présidence foram executados em versões conversíveis e de

Simca Chambord 1958, modelo mais sofisticado da linha Vedette e um dos mais luxuosos de todo o mercado francês da época.

Simca Présidence, modelo mais luxuoso que o Chambord. Com exceção de alguns detalhes, o modelo francês era idêntico ao que foi fabricado depois no Brasil.

duas portas, que eram vendidas somente ao governo francês, que os usava em paradas e recepções a governantes estrangeiros. Ao fazer o modelo Présidence, Pigozzi tinha Charles de Gaulle em mente como possível usuário do carro. O político, por sua vez, adorou o Simca Présidence. Com isso, Pigozzi conseguiu a proeza de substituir toda a frota de Renaults especiais da Presidência da República pelo Simca. No entanto, a perda de prestígio de De Gaulle não resultou em vendas maiores, e o mercado estava sendo definitivamente ocupado por modelos de Peugeot, Renault e Citroën. Pigozzi, homem de decisão, avisou que esperaria apenas três meses depois do Salão de Paris para suspender a produção caso as vendas não reagissem.

Verdadeira aventura impensada, a operação com o Vedette americano custou à Simca séria descapitalização. Para continuar viável, foram tomadas duas atitudes quase desesperadas: procurar sócios que lhe injetassem capital e desistir de parte

Simca Aronde P-60, com comportamento esportivo e bem-sucedida modernização do desenho de 1951.

da produção dos veículos. Uma possível ajuda para a Simca sobreviver surgiu em 1955 e veio das oportunidades proporcionadas pelo Brasil, descobertas pelo seu contínuo contato com a Fiat. Em 1955, Pigozzi foi visitado por uma delegação brasileira, da qual fazia parte o futuro presidente, Juscelino Kubitschek de Oliveira. Franceses e italianos gostavam muito do Brasil, e o presidente possuía uma simpatia radiante. Pigozzi não tinha condições de financiamento e esperava que capitalistas locais e o governo brasileiro o providenciassem. Isso acabou ocorrendo em 1958, com a entrada da Chrysler na Simca, o sócio necessário. Parecia ideal: livrava-se do Vedette, que seria forçado a migrar mais uma vez, e conseguia desovar carros pequenos à terceira empresa automobilística do mundo.

Pigozzi vendeu 15 por cento das ações para a Chrysler, que tinha longo *know-how* de estabelecer concessionárias e montagem de kits CKD no exterior, inclusive no Brasil. Excelente negociante, obteve grandes vantagens. Infelizmente, não conseguiu aprender com a amarga experiência e comprou outro fabricante francês de carros esportivos altamente luxuosos: a Talbot-Lago.

Em 1959, o Aronde P-60 recebeu um face-lift inspirado pelo Chambord na grade frontal, com aumento da área envidraçada, painel e frisos externos redesenhados, motor de 57 cv e um de 1.094 cm^3 e 40 cv – solução bem recebida pelo mercado, dando um sopro de vida a um veículo que envelhecia rapidamente. A decisão, outra vez, seguiu a moda: motor traseiro, como no Fusca e no Dauphine, verdadeiros reis do mercado.

Simca 1000, cujo estilo foi inspirado no Chevrolet Corvair. Possuía motor traseiro refrigerado à água.

A produção da linha Vedette-Chambord foi encerrada em 1961, com 166.895 unidades produzidas; as vendas do modelo se prolongaram até 1962; em 1960, o ferramental migrou para o Brasil. Pigozzi também vendeu a antiga fábrica de Nanterre para a Citroën. Já a produção do Aronde cessou em 1962, substituído por produtos mais direcionados como o Simca 1000 e, em 1963, o Simca 1300/1500. A influência da Fiat se manteve apenas no bloco do motor. No Simca 1000, o velho motor de quatro cilindros garantia arquitetura conservadora: montagem longitudinal, quase igual ao do Aronde 1094, mas um pouco menor – 944 cm^3, 45 cv, com radiador na lateral. Também tinha suspensão independente nas quatro rodas, que lhe conferia estabilidade incomparável e alcançava 120 km/h. A falta de arrojos tecnológicos foi uma política prudente que dera certo nos trinta anos anteriores. Deu-se bem no mercado e sobreviveu até 1978.

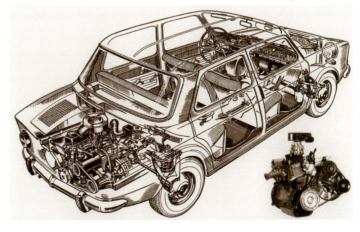

Visão da mecânica e do interior do Simca 1000, cujo motor era montado longitudinalmente e atingia 120 km/h.

Simca 1000 cupê no Salão do Automóvel.

Junto com o 1300 e o 1500, seguindo a tradição Simca, também foi lançado um esportivo em 1963: 1000 cupê, assinado por Nuccio Bertone, mas projetado por Giorgetto Giugiaro, um dos desenhos mais equilibrados e belos entre os esportivos europeus baseados em mecânica de sedãs econômicos. Além dele, um 1000 sedã mais musculoso e de nome meio enigmático, Rallye, passou a obter sucesso nas pistas. Parecia uma mistura de francês com inglês, com faróis de longo alcance, pintura preta nos capôs e painel com conta-giros.

Como a Gordini ficara exclusiva da Renault, a Simca procurou Carlo (Karl) Abarth, um austríaco que se naturalizara italiano durante a Segunda Guerra Mundial, que se revelou um preparador ainda mais eficiente do que Gordini ao fazer verdadeiros milagres com motores de baixa cilindrada. Dotou o motor Simca 1300 de duplo comando de válvulas e carroceria de plástico reforçado com fibra de vidro, com traseira tipo Kamm, cortada abruptamente: o modelo conseguiu a média de 150 km/h em Le Mans em 1963. Ainda mais endia-

A origem

Simca-Abarth 1300.

brado foi o Simca-Abarth 2000, de 1965, desenvolvido a partir do 1500, que ousou ameaçar o Porsche 904 e iria fazer história no Brasil. Neste ano, a Chrysler tornou-se acionista maior da Simca, com 65 por cento das ações.

Em 1964, encerrou-se a produção do Aronde na Austrália. O modelo teve 1.435.329 unidades produzidas em várias partes do mundo. Henri-Théodore Pigozzi faleceu no mesmo ano, aos 66 anos, deixando aos sucessores o conselho de jamais se afastarem da moda vigente.

Em 1967, ficou pronta a série 1100 de tração dianteira, seguindo a tendência do mercado. Mantinha o velho motor do Aronde, com varetas e balancins para acionar as válvulas. Como montar um motor transversalmente seria muito caro, a peça foi inclinada em 41 graus para trás para conseguir um comprimento aceitável, provendo aumento na altura de toda a carroceria e conforto interno notável. O modelo também se notabilizou pela suspensão por barras de torção, porta traseira hatch, duas ou quatro portas e um porta-

Simca 1200 S, substituto do Simca 1000.

-malas inclinado. A grade, os faróis e o capô dianteiro mantinham as linhas horizontais dos modelos 1300/1500. Também houve ampla motorização, de 944 cm³, 1.204 cm³ e 1.294 cm³, de 53 cv a 56 cv. Foram produzidos 500.000 exemplares do carro por ano, uma marca invejável. A aventura luxuosa com o Talbot-Lago nem chegou a começar: a fábrica se concentrou em carros pequenos, alcançando quase 2 milhões de compradores com o 1100 em uma década. Em 1967, os 1300/1500 foram substituídos pelos 1301/1501 com porta-malas mais alongado e cilindrada ligeiramente diminuída para 1.475 cm³. O 1000 cupê foi substituído pelo 1200 S, com motor de 1.204 cm³, 85 cv e 175 km/h: o mais rápido esportivo derivado de um sedã pequeno na época.

Em 1969, a Simca lançou uma versão mais luxuosa do 1000, o 1000 GLS, com 48 cv e 1.118 cm³, e adquiriu a Matra Sports, chamada de Divisão Matra-Simca.

Nos anos 1970, a racionalização dos produtos, com série 1000 quadradinha de motor traseiro, 1100 de motor e tração dianteiros e 1301 e 1501 mais convencionais mantiveram a Simca dentro de um volume de produção compatível com o mercado da época, mas os concorrentes Renault e Citroën vendiam bem mais. O futuro ainda não estava garantido.

A ERA CHRYSLER

Com a morte de Pigozzi, a Chrysler se tornou a dona da Simca em 1970. A fábrica de Poissy, nascida Ford, mudou outra vez de nome: Chrysler France. O 1100 vendia bem, mas seu presidente, Lynn Townsend, a exemplo de todos os presidentes de indústrias automobilísticas da época, buscava um "carro mundial" pequeno, que pudesse substituir o Volkswagen, e comprou a companhia dos irmãos Rootes, na Inglaterra, que fabricava o Hillman. Parecido com a Simca, era adepto da mecânica convencional; o modelo Minx tinha boa aceitação; Townsend tinha à sua disposição

A origem

um projeto pronto, com grande espaço interno: o Avenger. A Rootes também tinha uma tradição parecida com a da Chrysler, a da badge engineering: um carro básico oferecido para atingir classes de preços diversos, diferindo apenas em acabamento; nesse caso, haveria a versão mais luxuosa.

A Chrysler transferiu toda a produção Rootes para Poissy, dotando o Avenger de melhor acabamento, novo nome e, a partir de 1973, câmbio automático. Nasceram assim os novos modelos Simca-Chrysler 160 e 180, de 1,6 e 1,8 litro respectivamente. Ainda que mais desenvolvidos do que o produto inglês, mantinham muitos defeitos.

Em 1970, a série 1000 também recebeu freios a disco dianteiros, e a Chrysler France passou a oferecer o Simca com 777 cm³. O Rallye podia ser adquirido em três versões, todas com motor de 1.294 cm³. A primeira desenvolvia 155 km/h; a segunda, 170 km/h; e a terceira, 180 km/h, além do Simca 1000 SRT, nome da bem-sucedida equipe de rali oficial da fábrica, chamada Simca Rally Team.

Em 1971, a produção do Simca Coupé cessou, com 24.753 unidades produzidas em nove anos. O 1100 tornou-se 1200 e foi alçado à condição de mais vendido no mercado francês em 1972, com direito a uma versão Rallye de 1.294 cm³.

Em 1973, o Abarth tornou-se exclusivo da Fiat, e o Matra-Simca Bagheera, planejado para competir com os grandes esportivos da época, substituiu o 1200. O novo carro, bem largo, abrigava três pessoas em um banco inteiriço.

A Chrysler manteve à custa de enorme investimento a equipe de engenharia da Rootes na Inglaterra, que desenhou o Chrysler Alpine em 1975. Reeditou um nome famoso nos anos 1950, feito pela Sunbeam, favorita de Reginald Rootes: era um hatch de quatro portas, com o motor transversal, chamado no mercado francês de Simca 1307 e 1308. Em 1976, o modelo recebeu o título de Carro do Ano, segundo um periódico francês. Sua produção avaliada em 1.342.907 unidades em treze anos justificou a substituição do 1300-1500, além de possuir desenho agradável e desempenho confiável. No ano seguinte também foi encerrada a produção do 160 e 180, cujo ferramental foi transferido para a Espanha.

Simca-Chrysler 180, cujo desenho básico nunca foi alterado, a não ser em detalhes como grade, faróis e frisos. Com exceção das quatro portas, parecia-se muito com o Dodge 1800 brasileiro.

Matra-Simca Bagheera, feito com tecnologia aeronáutica e planejado para competir com os grandes esportivos da época.

Em 1978, foi lançado o Simca-Chrysler Horizon, mistura do Alpine com o 1100, mais curto e baixo, um hatchback de quatro portas, com 1.118 cm³, 1.294 cm³ e 1.442 cm³. Todas as versões do modelo penetraram com sucesso nos Estados Unidos, como o Plymouth Horizon e o Dodge Omni. Seu lançamento coincidiu com a Era Iacocca, que devolveu à Chrysler um lugar de respeito na economia americana ao investir adequadamente em carros menores dentro do gosto americano: a linha K, equipada com motores Volkswagen 1.700-cm³ projetados por Ludwig Kraus, arrefecidos à água para as linhas Passat e Golf. As medidas saneadoras de Lee Iacocca implicaram o fim da Chrysler France e da Chrysler GB, produtos de improvisação perdulária de Townsend; a Peugeot se interessou pela absorção das duas.

PEUGEOT: DE SIMCA A TALBOT

Em 1979, foi encerrada a produção do 1100, com 1.957.383 unidades em doze anos: um dos grandes sucessos da indústria europeia. Os últimos 1100 se chamaram Talbot-Simca 1510. O novo diretor, Jacques Calvet, percebeu o desgaste da

A origem

Talbot Solara 1982, modelo com espaço extra no porta-malas.

marca Simca e resolveu se utilizar da última compra de Pigozzi: o nome Talbot.

Foram lançados em 1980 os modelos Talbot Solara e Murena 1510: obtidos pela substituição do hatchback do Talbot-Simca por um três-volumes. Retinham o nome Simca, grafado na traseira alongada do carro.

Em 1981, a novidade era o Talbot Tagora, mais luxuoso, com 2,2 e 2,7 litros e turbodiesel Peugeot, 2,3 litros, além do Talbot-Sunbeam-Lotus. Tantos nomes e versões mal disfarçavam uma certeza – o fim da marca Simca, que acabou ocorrendo no ano seguinte, em 1982. Foi lançado apenas um herdeiro do velho Aronde neste ano, o Samba, com versão Cabriolet, que conquistou a atenção de alguns jovens franceses.

Entre Horizons, Sambas, Solaras e Tagoras, o nome Talbot vendeu 35.298 unidades em 1983, menos de 2 por cento do mercado. A proprietária, Peugeot, tinha encontrado seus "carros mundiais", o 106 e 206, pais dos modelos 207. O mercado francês consolidou-se com dois grandes fabricantes: Renault e Peugeot-Citroën. A Peugeot decidiu usar Poissy para fazer seu mais novo lançamento, o 309. O Talbot continuou sendo fabricado apenas na Inglaterra e teve apenas 27.300 unidades vendidas em 1984. O *break-even point* situava-se na marca de 35.000.

Em 1985, a herança de Pigozzi e a Simca foi finalmente extinta melancolicamente, junto com um grande nome na história automobilística: Talbot.

CAPÍTULO 2

A CHEGADA AO BRASIL

DA FRANÇA PARA O BRASIL

A história da Simca no Brasil começou mais precisamente em Paris, em janeiro de 1956, quando Juscelino Kubitschek de Oliveira viajou à cidade-luz com o intuito de salvar a economia brasileira. Sem seu senso cívico, a fábrica da Simca não teria vindo para o país e a Simca teria tido uma base econômica mais sólida. Mas a relação de amor mútuo entre o Brasil e a França parece ter falado mais alto.

A fábrica que a Simca adquirira da Ford em Poissy, inaugurada em 1949, era a mais moderna da Europa. O sofisticado Simca Vedette pareceu a Juscelino o parisiense que ele abertamente admirava e tinha um jeitão de carro americano, que ele secretamente admirava. O maior herdeiro das iniciativas industrializantes de Getúlio Vargas contava com a estrutura do Geia (Grupo Executivo da Indústria Automobilística) e tinha o saudável hábito da delegação de trabalho a auxiliares responsáveis, como o almirante Lúcio Meira e o engenheiro Luca Lopes. Nesse caso, cuidou da vinda da Simca sozinho, interferindo nos processos do Geia: desautorizou Lúcio Meira e dois de seus colaboradores, o engenheiro Eros Orozco e o economista Roberto Campos, lotado no Itamaraty. Escreveu uma carta para encorajar os franceses e recebeu como resposta em 1957 uma carta de intenções assinada por Henri-Théodore Pigozzi. O teor era desanimador: queria exportar e não fabricar seus produtos no Brasil.

O Geia era um órgão sério, que agia sob regras claras e magnânimas, mas exi-

Vista aérea da fábrica da Simca em Poissy, na França, considerada a mais moderna da Europa nos anos 1950.

A chegada ao Brasil

gia retribuições. Cedia áreas territoriais da União e de municípios, isentava as empresas de impostos para obter capital, *know-how* tecnológico, com a intenção de aumentar rapidamente a força de trabalho – coisa que a indústria automobilística fazia de modo exemplar. O Geia impunha exigências, como a obrigação do uso de peças de fabricantes locais em proporções crescentes, calculadas pelo peso do carro, com índice de nacionalização de 100 por cento no prazo de cinco anos. Lúcio Meira, de formação militar, impôs a preferência do Geia por caminhões, tratores e utilitários, sendo definitivamente contra carros de luxo.

Pigozzi, como Ford quatro anos antes, queria antes de tudo se livrar do Vedette, sonho que virou pesadelo. Chambord significava capacidade de produção ociosa, estoques superdimensionados e perda de competitividade no mercado de luxo. Acabou concordando com a fabricação do produto – diz-se que a carta de intenções era apenas jogo de cena; deixou claro que não investiria nada além do que os custos de transporte de peças, carros encalhados, prensas e outros ferramentais. Concordava em enviar um responsável pela fábrica.

A Simca era razoavelmente conhecida no Brasil, cujos habitantes sempre se sentiram entendidos em automóveis, por vezes realmente. O Aronde era conhecido por aqui como sendo um Fiat mais atraente, rápido, confortável e... frágil. O

Ford Vedette, modelo que inspirou a criação do Vedette Chambord, trazido para o Brasil por J. K.

Ford Vedette, por sua vez, não deixou saudades, apenas lembrança de problemas. O modelo trazido foi o Vedette Chambord, o segundo mais luxuoso – insuficientemente desenvolvido.

Mas o presidente que injetava ânimo na personalidade dos brasileiros *desejava* o Simca, e *desejava* anunciar a vinda da fábrica em 17 de agosto de 1957, dia do cinquentenário de Belo Horizonte, cidade projetada como o país que *desejava* fazer. Essa inauguração seria excelente como preparo para a eventual volta ao governo do estado, quando terminasse seu mandato presidencial. Desrespeitando as regras do Geia, refazendo-as, segundo o embaixador Roberto Campos apenas para uso da Simca, reduziu-as a apenas dezessete itens de nacionalização. Seriam cumpridos de modo mais suave do que o estipulado para as outras fábricas. Senso cívico, zero; lucros políticos e financeiros, dez. Pigozzi se desobrigou de enviar capital; alguns capitalistas brasileiros satisfariam uma exigên-

Visão familiar para todos os que circulavam no trecho entre São Paulo e São Bernardo do Campo da via Anchieta.

cia do Geia, a necessidade de capital nacional. No dia 5 de maio de 1958, a empresa Simca do Brasil, oficialmente chamada pelo acrônimo aportuguesado de Sociedade Industrial de Motores, Caminhões e Automóveis, foi fundada em Belo Horizonte muito descapitalizada.

Em março de 1959, caracterizando a lentidão que iria marcar suas operações, Simcas começaram a sair pela porta de um galpão alugado em São Bernardo do Campo, onde até então se fabricavam bicicletas e alguns eletrodomésticos, pela empresa Brasmotor. Por que uma indústria de Belo Horizonte tinha estabelecido sua linha de produção em São Bernardo do Campo, quase 800 km de sua sede? Essa pergunta pode ser respondida tendo em vista inúmeros fatores. Um deles era a vontade do presidente da República em instalar fábricas de automóveis. Outro, o desejo do então governador de Minas Gerais, Magalhães Pinto, e do general Macedo Soares, ministro da Indústria e do Comércio, de instalar uma fábrica de automóveis em Minas. Juntou-se a esses dois fatores uma empresa francesa em dificuldades e um grupo de capitalistas brasileiros de famílias tradicionais cariocas e mineiras envolvidas em política, que buscavam participar de meganegócios. Contrataram 480 empregados, que produziram oficialmente 1.217 carros. Não se sabe ao certo a proporção de carros efetivamente fabricados em relação aos que foram simplesmente montados. Nem mesmo quantos foram importados já completos. É correto afirmar que foram trazidos para o Brasil 47 Simcas Vedette, que rodaram por nossas ruas e estradas.

As primeiras máquinas industriais só chegaram em 1960, quando a Simca France decidiu suspender a linha Vedette; inicialmente, não havia capacitação nem estrutura para fazer muito mais que montagem de CKDs. O manual de instruções do proprietário e o grafismo do painel de instrumentos eram escritos em francês, fatores absurdos, porém ajudaram nas vendas para uma faixa de mercado caracterizada por esnobismo e implicavam um produto não tropicalizado. A Simca conseguiu provar ao Geia ter comprado alguns virabrequins nacionais, fundidos em Ouro Preto, mas não se pode constatar quantos, nem quando começaram a ser usados.

O Simca foi precocemente admirado nas ruas, principalmente pelo luxo e pelas

A chegada ao Brasil

linhas inconfundivelmente americanas, tornando-se objeto de desejo. Em um Brasil irreverente e maroto que parece ter desaparecido, ganhou o apelido de "Menina-Moça", referência ao para-choque equipado com borrachas semiesféricas que ladeavam o local onde se afixava a placa de licença.

Os carros saíam da fábrica sugerindo que não havia controle de qualidade. Até 1961, os diretores politicamente orientados insistiam que logo se mudariam para Belo Horizonte, exibindo um terreno já terraplanado, doação do governador Pinto, fato noticiado pelos jornais e por duas das revistas mais lidas pelos amantes de automóveis da época, *Quatro Rodas* e *Mecânica Popular*.

Olhares desconfiados e não autorizados dentro da fábrica em São Bernardo constatavam que não havia estamparia, fundição, nem usinagem de motores ou transmissão, que eram reconhecidamente importados da França. Notaram ainda a ausência de

Foto publicitária feita no Rio de Janeiro com um Simca de origem francesa.

Vista aérea da fábrica da Simca à margem da via Anchieta.

setor apropriado de pintura ou estrutura de linha de produção em série, com ferramental adequado. Os diretores argumentavam iradamente aos desconfiados que seria um desatino ter tudo isso em São Bernardo, pois teriam que migrar outra vez.

Havia notícias de que Pigozzi experimentava dificuldades em convencer algum engenheiro a se interessar em uma "imigração forçada". Mas a verdade não tardou a aparecer: em nome do provisório, aliada à proximidade com o porto de Santos, a "fábrica" continuava sendo o que sempre tinha sido: um mero galpão industrial de pequeno porte.

O Geia parecia obter maior liberdade de ação no governo de Jânio da Silva Quadros. Adquiria-se a convicção de que a operação não tinha solidez. Seria mais um entreposto para a montagem de CKDs do que uma fábrica propriamente dita, amparada por favores presidenciais? Acusações infundadas do presidente Quadros em outras áreas faziam o público ter dúvidas, pois Juscelino Kubitschek ainda gozava de amplo apoio.

O ESSENCIAL ENGENHEIRO PASTEUR

Com a interferência realística da família Flecha de Lima, que compunha de modo principal o grupo de investidores patrícios, em um espírito idêntico ao do

A chegada ao Brasil

presidente Kubitschek, concordou-se em desistir dos planos políticos da construção da fábrica em Minas Gerais, inviáveis na época. Acalmaram os ânimos do Geia e dos consumidores, bastante irritados com a permanente ausência de peças de reposição, ao garantir a vinda do ferramental e das prensas. De quebra, também obtiveram um aporte de 8 milhões de dólares no capital, conseguido a duras penas de Pigozzi. Era pouco em termos econômicos, caracterizando uma severa subcapitalização, mas melhor do que houvera até então.

Mais importante ainda, veio também um veterano e experimentado engenheiro de produção da Simca, verdadeiro fanático do automobilismo: Jack-Jean Pasteur. Começara a trabalhar na Simca na década de 1950, especializando-se em métodos de produção automatizados para grande volume de fabricação. Havia participado de modo relevante na renovação da fábrica em Poissy e aceitou o desafio de implantar de vez a fabricante francesa no Brasil. Poderia enfrentar as exigências de produção, nacionalização, organização e qualidade. Tinha que resolver impasses na implantação da fábrica, incluindo a formação de uma rede de concessionárias, e adaptar o carro às condições brasileiras.

Como todos os imigrantes da época, o engenheiro Jack-Jean Pasteur ficou fascinado pelo Brasil. Realizou sua missão de

Lançamento da linha Chambord em 1959, em frente à fábrica de São Bernardo do Campo.

Engenheiro Pasteur, à direita, conversando com o almirante Lúcio Meira, durante uma visita à fábrica.

Pasteur sorteando o vencedor do Torneio de Vendas Simca, um evento promovido pela fábrica.

corpo e alma, pois mantinha alto envolvimento emocional com a Simca e compromisso pessoal com Pigozzi. Como todos os pioneiros, como Alfred Jurzikowsky, William Max Pearce, Friedrich Wilhelm Schultz-Wenk, das vizinhas Mercedes-Benz, Willys-Overland e Volkswagen, respectivamente, conseguiu transmitir seu espírito à sua força de trabalho. Preocupado com o andamento de todos os departamentos, visitava-os o máximo possível, algo impensável hoje em dia, época de "executivos" equipados com MBA, *baby-boomers* e *yuppies*, mas comum na época dos pioneiros. No dia 30 de agosto de 1960, iniciaram-se a fundição de blocos e a usinagem de motores. No entanto, o sofrimento devido à inexperiência imperava: segundo Marcelo Fernandes Fonseca Viana, "dos primeiros cem blocos do motor, 98 foram rejeitados".

Era comum ver Jack-Jean Pasteur participando de eventos promovidos pela Simca misturado aos funcionários, lidando de forma humana com os subordinados e a imprensa. De acordo com o testemunho do gerente do departamento de relações públicas, Dario Ribeiro: "Eu era abertamente elogiado quando meu setor conseguia progressos na valorização da imagem do Simca ou conseguia destacá-la diante da concorrência". Também não poupava críticas, como um bom francês, para quem educação implica sinceridade – usualmente vista como rudeza em nosso país tropical, que confunde sedução (*politesse*, em francês) com amizade. "Podíamos confiar nele; não se preocupava em dar notícias ruins 'na lata'".

A chegada ao Brasil

Ciro Cayres e José Fernando "Toco" Lopes Martins, os maiores pilotos de testes e de competição da equipe Simca, hoje parte da história do automóvel, testemunharam o interesse automobilístico do engenheiro Pasteur, que trazia da Simca a consciência de que sucessos nas pistas incrementavam as vendas. Para vencer corridas, o carro tinha que ser tropicalizado, e Pasteur implantava direto na linha de montagem toda melhoria que conseguia.

Pollack relembra que "Pasteur não admitia que algum carro ultrapassasse o seu. Seu trajeto preferencial era de sua casa, na rua Haddock Lobo, no bairro dos Jardins, em São Paulo, para a fábrica, ida e volta, diariamente, indo tanto pela estrada do Vergueiro como por Diadema. Ordenava ao motorista: "*Vite, vite!*" (Depressa, depressa!). Um dia, foram multados por excesso de velocidade. Pasteur assumiu a culpa, inocentando o motorista. O motorista, agradecido, nunca mais precisou ouvir o "*vite, vite!*"

O engenheiro faleceu em 1984, deixando saudades de um tempo romântico e irrecuperável. Ficou sua lição de amor, responsabilidade e garra – hoje, praticamente desconhecida.

A SIMCA EM SÃO BERNARDO

Parte do capital obtido com a sede francesa foi usado para comprar o terreno de 27.500 m², até então alugado, e melhorar suas instalações. A área construída de 3.200 m² rapidamente aumentou para 45.000 m² com as melhorias, além da finalização de obras de infraestrutura. A capacidade de produção anual era estimada em 6.000 veículos por turno, com o total de 10.500 veículos nos dois turnos. Em junho de 1960, contavam com 540 empregados, subindo para 950 em dezembro do mesmo ano. Entre 1964 e 1965, auge da produção, com as vendas da série Tufão, eram 2.300 empregados. Em 1966, esse número baixou para 1.700. Em sete anos de produção, foram contabilizadas 50.833 unidades no total.

Com a decisão de permanecer em São Bernardo do Campo, a Simca melhorou e ampliou a infraestrutura da fábrica.

Além das poucas mudanças efetuadas para melhorar a qualidade dos carros Simca no Brasil, vários outros fatores também estavam envolvidos na questão: quase todos entre os novecentos e tantos fornecedores de autopeças que a Simca contatara situavam-se em São Paulo, três eram gaúchos, e um, carioca. Não fazia sentido financeiro transportar peças por rodovias inexistentes ou malconservadas. A via Anchieta provia ligação com o então principal porto brasileiro, em Santos, mais utilizada que a ferroviária, em decadência. A Simca do Brasil dependia vitalmente dos carregamentos das sobras de Poissy, que talvez tenham se prolongado por quatro anos.

Se os carros já saíam da fábrica com muitos problemas, pelo menos recebiam atenção no setor de pós-vendas, estruturado para proporcionar uma relação quase íntima com os revendedores. Seu alcance chegava ao consumidor, mas foi atrapalhado pela pequena quantidade de concessionárias, segundo Francisco Cláudio Castelo Montenegro Filho, o único revendedor de Fortaleza. A rede de assistência técnica era reduzida e fraca; o aporte de peças de reposição, irregular; as condições de construção eram desfavoráveis; havia constante troca de diretoria e os produtos eram adaptados apenas ao mercado europeu: todos esses fatores refletiam no produto, que acabava com o motor em superaquecimento em pleno trânsito urbano e nas serras; a embreagem patinava nos carros zero-quilômetro; o diferencial roncava com menos de 5.000 km; havia também defeitos de montagem na carroceria; embora o índice de nacionalização alegado fosse de 67,65 por cento, considerava-se que as peças brasileiras deviam estar muito bem escondidas dentro do carro, pois todas as inscrições e especificações continuavam escritas em francês.

Foram precisos menos de dois anos para comprometer sua imagem. O apelido de menina-moça traduzia sua fragilidade no uso e pouca confiabilidade. Pasteur reconheceu a justiça das reclamações e percebeu a necessidade urgente de modificar a percepção que o público tinha do carro. Sabia que não era apenas questão de propaganda.

MARKETING COMO PONTO FORTE

No final de 1965, uma pessoa com uma pasta debaixo do braço poderia bater à porta de uma residência em um bairro privilegiado e se apresentar com a seguinte proposta: "Sou funcionário da Simca do Brasil e vim convidá-lo para uma demonstração de nosso produto". Inaugurava-se o *test drive,* chamado na época de "demonstração". De 1959 a 1963, os lançamentos do Chambord, da Jangada, do

A chegada ao Brasil

Rallye e do Présidence foram marcados por festas e anúncios na mídia impressa. O lançamento do Tufão em 1964 utilizou a estratégia de forma ainda mais desenvolvida. Essa nova série veio para enterrar de vez a fama de fragilidade do Simca. Vários eventos foram realizados em todas as maiores capitais do Brasil para promover a vinda desses carros.

Jean Sunny, um piloto francês que inventou malabarismos automobilísticos de equilíbrio sobre apenas duas rodas laterais e que já fizera exibições com o Simca 1000 em seu país, foi contratado para fazer o mesmo no Brasil. O piloto achava que o carro brasileiro não aguentaria o teste, mas o nosso Tufão mostrou que pouco tinha a ver com os frágeis Chambord que

Evento de lançamento em Interlagos. No destaque, o novo logotipo da série Tufão.

ele conhecera na França. Todas as corridas regulares daquele ano não atraíram tanto público quanto os espetáculos de Jean Sunny, que acelerava e subia rampas só com o lado direito do Tufão, evitava capotagens, fazia curvas suaves, dava cavalos de pau emocionantes em duas rodas e pousava com grande estardalhaço ao mesmo tempo que fazia meia-volta para repetir tudo. Esse foi talvez o maior golpe publicitário da indústria automobilística brasileira de todos os tempos, pois chamou muita atenção e demonstrou a resistência do carro.

Como o perfil do consumidor da Simca era o pequeno empresário e a classe média, grupos que sofriam com a crise econômica, as vendas acabaram diretamente prejudicadas. Para tentar esvaziar o pátio, a Simca criou um novo departamento comercial. Pasteur atraiu o melhor profissional da época: Georges Klopotowski, um funcionário da Willys, que criou uma equipe com carta branca para remanejar membros de outras áreas, como compras, segurança e administração, além de recrutar pessoal por meio de anúncios de jornal. O aproveitamento máximo dos recur-

Proeza realizada em Copacabana, no Rio de Janeiro, por Jean Sunny.

A chegada ao Brasil

sos disponíveis, eliminando desperdícios, começou na escolha do local para reunir e treinar a equipe: o salão ocioso do revendedor Auto Mecânica Chevalier, que ficava na divisa dos bairros do Cambuci e da Liberdade, em São Paulo. Álvaro Ártico, renomado profissional, dirigiu as equipes. Também foi desenvolvido um manual em português, com aproximadamente cinquenta páginas, que era entregue aos funcionários após o treinamento. Redigido de modo a esclarecer uma sequência baseada em dados psicológicos, induzia no participante emoções crescentes que culminavam no desejo de possuir o automóvel. Adaptado às características do Simca, enfatizava a ignição transistorizada, o motor V-8 Tufão, o radiador de óleo, os freios Twinplex e a suspensão dianteira Stabimatic (McPherson); ou seja, o marketing e a engenharia andavam juntos.

A Simca também inaugurou o que hoje chamamos de telemarketing, o qual obtinha informações usadas para orientar nas mudanças na linha de produção. Várias dessas entrevistas terminaram em um *test drive*, feito na concessionária mais próxima do possível comprador ou levado até a sua residência. O percurso para o teste era de 30 km, divididos em três etapas de 10 km cada uma. Na primeira etapa, um demonstrador contratado pela Simca tomava a direção, enfatizando as questões técnicas e de dirigibilidade. Na segunda etapa, o cliente assumia o volante e chegava às suas próprias conclusões. Após esse passeio, o carro era estacionado em um local tranquilo e agradável e fazia-se uma apresentação estática completa do veículo. Na terceira e última etapa, o demonstrador assumia novamente o volante e perguntava se havia algum interesse de conhecer o desempenho do veículo em uma condição mais esportiva. Em caso afirmativo, era feita a apresentação do produto em alta velocidade, demonstrando sua rapidez, segurança e conforto. Pedia-se então ao potencial cliente que respondesse por escrito a uma pesquisa de avaliação e aqueles que tivessem esposa ganhavam um raro e cobiçado perfume francês. Em outros estados não havia o convite porta a porta, mas o público era enfaticamente convidado pela mídia e por carta a visitar as concessionárias para participar do *test drive*.

Nessa mesma época, a Simca também promoveu uma campanha para esvaziar o pátio, conhecida como "caravanas", que consistia na viagem de vários carros da fábrica, na via Anchieta, em direção a cidades do interior de São Paulo e algumas capitais de outros estados. Eram aproximadamente vinte car-

Promover *test drives* era uma das formas de promover o Simca. Na foto, Lúcio Meira experimentando o Simca Chambord.

À esquerda: caravana Simca rumo ao Sul do Brasil. A prática garantia à empresa lucros consideráveis, apesar de todos os gastos. À direita: De Gaulle passeando pelas ruas de São Paulo, acompanhado por vários Simcas.

ros novos em folha por viagem, compreendendo toda a linha – Chambords, Rallyes, Présidences, Profissionais e Jangadas – e acompanhados por dois ou três demonstradores. Após a chegada ao destino, os carros eram divididos entre as concessionárias e o consumidor era informado previamente sobre o dia da demonstração por meio de uma campanha na imprensa. Os carros que participavam das caravanas eram sempre vendidos a preços especiais nas próprias cidades em que estavam. Apesar do grande gasto, a fábrica teve lucro com a campanha.

Em 15 de outubro de 1964, a Simca do Brasil recebeu a histórica visita do então presidente da França, o general Charles de Gaulle, que finalizava no país uma viagem por toda a América Latina. Ele e sua comitiva chegaram à fábrica ao meio-dia, e o político francês fez um elogioso discurso sobre a empresa brasileira, o que ajudou a melhorar ainda mais o prestígio e a confiabilidade quanto aos produtos nacionais da Simca.

PROVA DE RESISTÊNCIA

Para provar a resistência do Simca, a fábrica promoveu um desafio: um Rallye escolhido aleatoriamente na linha de montagem deveria percorrer a maior distância possível no menor tempo. No final, o Tufão percorreu em 44 dias e noites, entre 1º de outubro e 15 de novembro de 1964, 120.048 km, o equivalente a 3,5 voltas ao redor da Terra, com a média de velocidade de 113,1 km/h. A

Veículo utilizado na prova de resistência, uma das formas de divulgar o Simca.

prova foi supervisionada em todas as suas etapas por uma equipe de técnicos do Automóvel Club do Brasil e realizada numa estrada a fim de que o resultado refletisse o uso do modelo em condições normais. O local escolhido foi em Goiás, no km 224 da BR-7, entre Paracatu e Brasília, pois o trânsito menos denso mantinha as normas de segurança. A partir de 0h00 do dia 1º de outubro foi iniciada a prova, com saída de Paracatu.

Uma vez posto em movimento, o Rallye Tufão rodou ininterruptamente sob o esquema de revezamento entre seis pilotos a cada 448 km de percurso, que levava aproximadamente 3 horas e 50 minutos para ser percorrido. Esse tempo era o suficiente para fazer ir e voltar de Paracatu a Brasília. Cada piloto só voltava ao volante vinte horas depois. O Automóvel Club do Brasil supervisionava tudo em dois postos de controle, um em Paracatu – onde ocorria a troca de pilotos, abastecimento, lubrificação e revisões – e outro em Brasília.

Muitos fatores contribuíram para aumentar as dificuldades consideradas normais para esse tipo de teste: o clima da região caracterizava-se por grandes oscilações de temperatura (muito calor durante o dia e temperaturas baixíssimas à noite), fortes temporais assolavam quase diariamente a região e transformavam as estradas em verdadeiros lagos, nuvens de insetos batiam no para-brisa e obrigavam os pilotos a parar para limpá-los, animais atravessavam a pista e o asfalto dessa estrada estava em más condições, gerando um consumo de um jogo de pneus a cada 10.000 km percorridos.

No 44º dia, o Rallye Tufão sofreu um acidente durante um temporal, e resolveu-se interromper a prova. Como a parte mecânica não havia sido afetada, o carro poderia continuar rodando, mas a quilometragem atingida era suficiente para se optar pelo encerramento oficial do teste. O carro ficou exposto no IV Salão do Automóvel e seu recorde, registrado para sempre na história do automóvel.

O FIM DA EMPRESA NO BRASIL

Apesar de todos os esforços para desenvolver os produtos, da visita de De Gaulle, dos esforços dos setores de marketing e de competições, das inéditas e personalizadas demonstrações de carros e da renovada confiança dos consumidores, todos os esforços teriam em breve um fim abrupto. Após vários meses de rumores, a Chrysler americana assumiu o controle da Simca no Brasil no segundo semestre de 1966. Inicialmente, a companhia dedicou algum dinheiro para a versão Emi-Sul, mas o produto se mostrou pouco confiável.

A Simca lançou no Salão do Automóvel de novembro de 1966 duas grandes armas para combater a concorrência: o Esplanada e o Regente, ainda com o selo Simca. Mas as vendas foram muito baixas e pareciam prenunciar o fim. A diretoria de Jack-Jean Pasteur precisava provar que podia vender os carros Simca, mas o que ocorria era exatamente o contrário: apesar de 1966 ter sido um ano de boas vendas para toda a indústria, com 220.000 veículos produzidos no total, apenas 5.287 eram Simcas novos. A queda significava quase 50 por cento da média da Simca, cerca de 2.000 unidades, o que representava uma participação da Simca de 4 por cento no mercado, historicamente sempre em torno de 6 por cento. O engenheiro Pasteur sabia bem que sua posição era muito insegura, pois acompanhara o que havia acontecido quando a Chrysler assumiu as operações na França.

Logo após o Salão do Automóvel de 1966, Eugene Cafiero, na época diretor de assuntos internacionais da Chrysler, veio ao Brasil e assumiu de vez todas as operações no país. Tratava-se de uma emergência, diante das quedas nas vendas; pois tudo que a Chrysler havia investido no Emi-Sul e no Esplanada, por pouco que fosse, resultara na perda de muitos dólares.

Cafiero designou Victor G. Pike como interventor na Simca do Brasil. De um dia para o outro, o engenheiro Pasteur e sua equipe foram despedidos e, nesse mesmo

O engenheiro Pasteur e executivos da Chrysler oficializam a venda da Simca no Brasil.

A chegada ao Brasil

dia, fechou-se o Departamento de Competições. As medidas da Chrysler no país deixaram traumas, pois a saída da diretoria foi acompanhada pela demissão de cerca de 400 empregados – de uma força de trabalho de 1.700 pessoas. Apesar da natureza drástica das medidas, os métodos de produção que os americanos traziam criaram um esforço que hoje se chama "ganho de produtividade". Em três meses, a produção foi aumentada de 18 para 20 carros por dia.

Alguns veículos foram então enviados à sede da Chrysler em Auburn Hills, no estado de Michigan, para testes. Os americanos introduziram modificações tanto no acabamento como na parte mecânica, seguindo seus padrões de qualidade. Em agosto de 1967, a Chrysler assumiu de vez a situação e passou a colocar seu nome nas peças publicitárias e na razão social da fábrica, a fim de mudar a imagem negativa dos produtos antes fabricados pela Simca. Foi algo impiedoso, pois isso só aumentou a ideia negativa quanto aos modelos produzidos anteriormente e provocou a eliminação do Présidence, do Rallye, da Jangada e do Profissional.

Modelo do Esplanada lançado no Salão do Automóvel de 1966.

Esplanadas lançados com a marca Chrysler.

CAPÍTULO 3

A EVOLUÇÃO DOS MODELOS

ESTREIA O CHAMBORD

Em 1959, Paulo Gontijo, diretor-geral da Simca do Brasil, levou um carro de linhas chamativas e desconhecido dos brasileiros à sede do governo no Rio de Janeiro. Esse veículo era o Chambord, apresentado como o primeiro a ser produzido pela fábrica. O então presidente da República, Juscelino Kubitschek de Oliveira, foi o primeiro a testar o veículo, nas vielas que cruzavam os jardins do Palácio. Paulo Gontijo presenteou o presidente com o veículo para agradecer a ajuda na instalação da fábrica.

Como os Simcas eram raros nas ruas brasileiras, o modelo despertava admiração e cobiça, além de lembrar um Cadillac. O modelo era adorado pelos brasileiros da época, que usava a denominação para todo carro de desenho moderno, dotado de rabo de peixe. Sua aparência de carro americano era completada pelo câmbio na coluna de direção.

Apesar do nome original francês Simca Vedette Chambord ter sido abreviado no Brasil para Simca Chambord, em virtude de *vedette* ser originalmente a designação de uma artista do teatro de rebolado, todos os 1.217 Simcas ano 1959 traziam de série os protetores de soleiras das portas com a inscrição "Vedette".

O Chambord brasileiro era praticamente idêntico ao modelo mais luxuoso da linha Vedette, com 4,75 m de comprimento e bancos inteiriços na frente e atrás, que podiam acomodar até seis adultos com certo conforto. O banco dianteiro tinha ajuste longitudinal, enquanto os passageiros do banco traseiro tinham um bom espaço para as pernas e dispunham de um grande cinzeiro no

Simca Chambord 1959, fortemente influenciado pelo estilo americano da época, com pintura saia e blusa (bicolor), calotas raiadas, faróis dianteiros com pestanas, rabo de peixe e vidros panorâmicos.

A evolução dos modelos

encosto do banco dianteiro, dotado de acendedor elétrico e iluminação, o que era incômodo para passageiros com mais de 1,70 m que viajassem junto às janelas (a cabeça encostava no teto). O cinzeiro da frente era duplo, também com acendedor elétrico, e estava instalado numa posição muito baixa no meio do painel, dificultando um pouco seu uso pelo motorista. As portas dianteiras trancavam-se externamente por intermédio da chave e internamente por pinos, e as portas traseiras eram trancadas ao se empurrar a maçaneta para frente. Quanto à velocidade, o carro podia alcançar 135 km/h de acordo com a fábrica.

Acima: o painel ilustrado na foto manteve-se praticamente inalterado até 1967, com pequenas mudanças citadas ao longo do texto: 1. Puxador do freio de mão. 2. Alavanca de mudanças. 3. Acendedor de cigarros. 4. Cinzeiros. 5. Porta-luvas. 6. Comando de ventilação do para-brisa ou interior. 7. Interruptor de ignição e partida. 8. Comutador do indicador de direção. 9. Seletor de buzinas. 10. Interruptor dos faróis de neblina. À esquerda o mesmo painel: 1. Botão de comando do lavador de para-brisa. 2. Comando dos faróis. 3. Comando do afogador. 4. Controle de ar fresco. 5. Aro de buzina. 6. Comando do limpador de para-brisa. 7. Botão do reostato da iluminação do painel de instrumentos. 8. Comutador automático da iluminação no teto.

O ponto forte do carro era a iluminação interna principal feita por uma única lâmpada no teto, junto do para-brisa e entre os para-sóis, comandada pela abertura das portas. O carro possuía ainda outras luzes, como a do porta-luvas, comandada pela abertura da tampa; duas pequenas lâmpadas destinadas aos passageiros do banco traseiro, colocadas no encosto do banco dianteiro, junto do cinzeiro; e duas no porta-malas e no compartimento do motor. Na parte externa, o carro era dotado de ótimos faróis, além de possuir faróis de neblina, até então inéditos no Brasil.

O Simca logo ganhou a fama de possuir uma parte elétrica complexa e problemática. Os brasileiros não estavam familiarizados com os comandos frágeis e delicados do Simca e, por isso, acabavam quebrando-o precocemente. A frequente manutenção inadequada do veículo agravava ainda mais o problema.

O painel de instrumentos era o mais completo da época, com luzes de intensidade regulada por reostato que acendiam ao se ligar as lanternas mesmo com a ignição desligada. Também vinha equipado de fábrica com pisca-pisca de retorno automático por tempo, esguichador de água no para-brisa, espelho no verso do para-sol direito e redes e bolsas para guardar revistas e outros objetos. O motorista tinha a opção de usar apenas uma das duas

O desempenho e a capacidade interna, com um espaçoso porta-malas, faziam do Simca Chambord o melhor carro da época para viagens com a família.

A evolução dos modelos

buzinas existentes na cidade, ou as duas em conjunto, produzindo som mais forte para estrada. O rádio e o aquecedor interno eram opcionais.

A ventilação interna podia ser feita naturalmente, pela abertura de vidros e quebra-ventos, ou através de um comando do painel, que recolhia o ar da grade frontal e o distribuía para cada um dos lados da cabine ou para o para-brisa, evitando o embaçamento. O porta-malas era grande, com capacidade de 500 litros, e a carga e descarga era facilitada pelo desenho da tampa, que se abria totalmente desde o para-choque mediante uma fechadura elegantemente escondida por um brasão.

1960 – LANÇAMENTO DO PRÉSIDENCE

Neste ano, o Chambord não teve modificações, mas a Simca lançou em 30 de agosto a versão mais possante e luxuosa desse carro, o Présidence. Destinado ao alto escalão do governo ou a pessoas de alto poder aquisitivo, teve festa de lançamento nas luxuosas instalações do Clube Transatlântico, em São Paulo. Mais de seiscentos convidados se maravilharam com um veículo quase idêntico ao modelo francês de 1958, com bancos de couro e estepe estilo Continental na traseira da carroceria, que aumentava muito a capacidade do porta-malas. A diferença do original ficava por conta da inscrição dourada "Simca do Brasil" no para-choque traseiro.

Trazia um luxo inédito para os padrões brasileiros da época: estofamentos e painel de instrumentos forrados com couro em gomos feitos manualmente; encostos escamoteáveis para os braços dos passageiros; barzinho acionado por uma gaveta com fechadura e embutido na parte central do banco traseiro, contendo uma garrafa de uísque, três copos de cristal jateados em areia com o símbolo da Simca e uma cigarreira; melhora da ventilação interna em relação ao

Na dianteira, a diferença em relação ao Chambord era o aplique "Présidence" na grade.

Chambord, com aquecedor que aproveitava o calor produzido pelo motor, direcionando-o para a parte interna; sistema de ventilação com as opções de ar frio e quente. As redes para revistas e documentos deram lugar a elegantes pastas em couro com fechaduras.

Também vinha de fábrica com rádio e dois alto-falantes, diferente dos outros carros daquele tempo, que tinham lugar para instalação de um rádio e para apenas um alto-falante. No painel havia um botão seletor que distribuía o som só na traseira, só na dianteira ou em todo o carro. Os cinzeiros dianteiros eram iluminados independentemente da iluminação geral. Nas colunas traseiras, havia um pequeno foco destinado aos passageiros do banco de trás e ladeado por uma pequena abertura protegida por tela, cuja função era permitir a saída do ar interno para fora, melhorando a aeração interna, e facilitar o fechamento das portas.

O Présidence tinha 90 cv de potência – mais que o Chambord –, obtida pela instalação de dois carburadores e escapamento duplo que ladeavam o estepe, saindo por uma placa cromada que servia de para-choque e base do estepe Continental. Esse sistema de escapamento protuso causava uma oxidação precoce do para-choque e era um perigo para pedestres desatentos, pois podiam causar queimaduras. Os Simcas começaram a aparecer em competições – e se deram bem.

No Présidence, o estepe estilo Continental e o escapamento duplo conferiam aspecto luxuoso ao carro. A inscrição "Simca do Brasil" no para-choque distinguia o modelo nacional do francês.

1961 – CHAMBORD SEGUNDA SÉRIE

Neste ano, a única mudança na linha Simca foi o painel de instrumentos, que passou a ser produzido no Brasil e tinha inscrições em português. Essa calmaria só se manteve até o engenheiro Pasteur assumir a direção da empresa e tentar implementar uma série de mudanças. O primeiro fruto dessas tentativas foi o Segunda Série, lançado em abril, um carro mais brasileiro do que francês.

A principal modificação externa desse modelo foi a adoção de um friso lateral contínuo, sem a "perna de cachorro" que acompanhava o lavor em baixo-relevo na porta de trás. O carro era inicialmente oferecido com doze cores sólidas e opção bicolor com 26 combinações diferentes. Um pequeno emblema reproduzindo o logotipo da Simca, uma andorinha estilizada, foi adicionado ao para-lama dianteiro. Numa tentativa de aumentar a resistência do carro à buraqueira de nossas ruas e estradas, a suspensão dianteira foi recalibrada.

Simca Chambord 1961 Segunda Série, com seu característico friso lateral contínuo e a andorinha no para-lama dianteiro.

A parte elétrica ganhou limpadores de para-brisa mais potentes e motor de 90 cv, obtidos pelo maior cuidado na fundição do cabeçote e no acabamento dos dutos de admissão e escapamento que permitiam maior facilidade na circulação dos gases, resultando em menor aquecimento e melhor lubrificação. Para realçar mais esse aumento de potência, houve um encurtamento do diferencial, de 3,90:1 para 4,30:1; com isso o carro tornava-se mais forte e superava mais facilmente as subidas íngremes.

Internamente, as mudanças ficaram por conta dos novos desenhos do banco para melhor aproveitamento do espaço; da forração integral de lã do assoalho e do novo tapete de plástico lavável do porta-malas, resistente até à água do mar.

A fábrica afirmava ter corrigido mais de quarenta defeitos e que os carros eram agora 98 por cento nacionais, com a promessa implícita de que não ficariam mais parados por falta de peças. A Simca também planejava lançar nesse ano uma perua que inicialmente levaria o nome de Bandeirante – versão da perua francesa Marly –, mas foi lançada só no final do ano seguinte com o nome de Jangada.

Bancos com novos desenhos e assoalho com forração de lã eram algumas das melhorias internas do Chambord 1961 Segunda Série.

A evolução dos modelos

1962 – SÉRIE TRÊS ANDORINHAS

Em meados de abril, uma nova série com melhoras no acabamento recebeu o nome de Simca Chambord Três Andorinhas. O emblema no para-lamas cedeu lugar a outro aplique, em fundo negro e com três andorinhas estilizadas, colocado na porta traseira, voltando para o desenho em "perna de cachorro" do friso lateral.

O motor agora rendia 92 cv; o sistema de refrigeração foi aprimorado, de modo a melhorar o problema de superaquecimento que incomodava os proprietários; e a embreagem também foi aperfeiçoada. Internamente, o painel de instrumentos passou a ser revestido com plástico fosco, que diminuía o reflexo do sol ao absorver mais a luz. O estofamento foi redesenhado com gomos mais suaves e coberto com plástico aveludado. Enquanto o Chambord 1962 Três Andorinhas brasileiro avançava, seu predecessor francês foi declarado extinto.

Em meados de março, a Simca produziu no Brasil um único protótipo de

O Chambord Três Andorinhas resgatou o friso lateral com perna de cachorro e ganhou um aplique com três andorinhas estilizadas.

Clássicos do Brasil

Melhorias no acabamento e na parte mecânica fizeram do Três Andorinhas um modelo superior ao Vedette francês.

ambulância, utilizando a estrutura do Chambord com a intenção de obter uma ambulância mais rápida que as existentes. Não era uma perua, como a Marly francesa ou a sua sucessora brasileira, a Jangada. O projeto não se consumou.

A produção do ano atingiu a boa marca de 6.908 unidades.

1962 – O RALLYE

Em maio de 1962, surgiu um terceiro modelo usando um nome conhecido – Rallye –, cuja pequena produção foi de apenas 26 unidades no primeiro mês, para 570 Chambords. Equipado com o motor do Présidence, tinha dupla carburação e dois canos de escapamento, com para-choque traseiro igual ao do Chambord. Com o aumento da cilindrada do motor de 2.351 cm^3 para 2.432 cm^3 e da taxa de compressão de 7,6:1 para 7,7:1, melhorias adotadas também no Présidence, foram obtidos 100 cv.

O interior recebeu estofamento com gomos em couro, e o encosto do banco dianteiro era dividido em duas partes desiguais: 1/3 da largura para o motorista e 2/3

O painel do Rallye incorporava acolchoamento extra.

A evolução dos modelos

para os passageiros, o que permitia que os bancos fossem reclináveis e independentes, apesar de não constituírem ainda bancos individuais. Foi uma solução inteligente e de baixo custo, ao permitir uma condução mais esportiva que o Chambord. No banco de trás, o Rallye tinha apoio para os braços. Embaixo do porta-luvas havia um acabamento espumado e arredondado, para proteger os joelhos em caso de acidente. No entanto, alguns usavam esse ressalto para colocar os pés. O painel também era estofado na parte superior; os frisos e o acabamento interno diferiam do Chambord; e tinha de forma inédita no Brasil vidros verdes como equipamento de série – no Présidence, era opcional. Apresentava características não muito esportivas, como câmbio de três marchas e permanência da alavanca de câmbio na coluna de direção.

Os estilistas aplicaram no capô dianteiro duas entradas de ar circulares que seguiam o desenho dos faróis, servindo teoricamente como tomadas de ar para prover mais ventilação a um motor mais potente. Na realidade, servia mais para produzir efeito estético que sugerisse desempenho.

Ao longo do rebaixamento lateral do para-lamas traseiro, aplicou-se uma enorme chapa em alumínio escovado que era encaixada na bela reentrância de estilo americano que se estendia a partir da metade da porta traseira e casava com as extremidades das lanternas, toda decorada em baixo-relevo com centenas de andorinhas, símbolo da Simca. No centro, havia vários desenhos com um motivo xadrez, exatamente como os usados na bandeira quadriculada que marca a chegada de uma competição. Nesse local foram incrustadas as letras da palavra Rallye.

À esquerda: o modelo possuía banco dianteiro reclinável e traseiro com descansa-braço. À direita: a grande modificação estética do Rallye foi a incorporação de tomadas de ar seguindo a linha dos faróis, dotadas de grades semelhantes à grade do radiador.

Outra característica do Rallye era a chapa em alumínio escovado na lateral traseira, com o emblema "Rallye" e desenhos em baixo-relevo imitando bandeiras quadriculadas e andorinhas.

1962 – A JANGADA

Em novembro de 1962, a Simca lançava no 3º Salão do Automóvel mais um modelo, divulgado como a única station wagon nacional. A propaganda causou certa controvérsia na época, pois a Vemag já fabricava uma perua desde 1956. Embora derivasse da francesa Marly, recebeu o nome de Jangada e adotou os rabos de peixe e lanternas traseiras do Chambord. Antes do lançamento no Brasil, a Simca recebeu da França duas peruas Marly para um teste de mais de 200.000 km por ruas e estradas brasileiras, o que deu origem a modificações mecânicas como a potência de 95 cv e a relação de diferencial 4,30:1 (igual ao Chambord). Diferente de sua prima francesa, a Jangada foi lançada com câmbio totalmente sincronizado. Também teve a suspensão traseira reforçada, feixes de molas mais resistentes e amortecedores de dupla ação. A decoração, os frisos e a localização do logotipo eram iguais aos da Marly.

A pintura bicolor foi mantida e destacada por um friso lateral de duplo filete, que não só terminava em elegante curva ascendente na linha das lanternas como suprimia o emblema das três andorinhas na porta traseira. O símbolo estendia-se para a porta dianteira e trazia o dístico "Jangada", acompanhado de uma criativa silhueta desse barco pesqueiro típico do Nordeste brasileiro.

Internamente, mantinha quase o mesmo luxo do Chambord, exceto o porta-revistas atrás do encosto do banco dianteiro e o apoio de braço nas portas traseiras, suprimidos para facilitar o deslocamento do encosto do banco traseiro rebatível, que, abaixado, aumentava a capacidade de carga para 1.800 litros. Também vinha equipada com dois banquinhos para crianças no porta-malas, sendo necessário retirar o estepe e colocá-lo no bagageiro externo para utilizá-los. O carro oferecia um elegante porta-bagagens no teto, com acabamento em madeira e cromado.

A Jangada foi o primeiro carro da Simca com as três marchas sincronizadas.

Em julho de 1963, surgiu a Jangada Standard, uma opção mais barata com forrações simplificadas e sem bagageiro, com alguns acessórios como farol de neblina, calotas e bancos escamoteáveis no porta-malas. De março de 1962 a março de 1963, a Simca anunciou ter produzido 6.904 carros, sendo que entre novembro de 1962 e junho de 1963 foram vendidas 1.314 unidades da Jangada.

Inspirada na francesa Marly, a Jangada foi tropicalizada sem perder o luxo e ganhou o rabo de peixe do Chambord. Por isso, é considerado o primeiro utilitário de luxo brasileiro. Graças à supressão do porta-revistas e do apoio de braço das portas, era possível aumentar drasticamente a capacidade de carga ao se abaixar o encosto do banco traseiro.

1963 – SÉRIE 3 SINCROS

Pode-se dizer que os oito anos de história da Simca tiveram dois momentos de quatro anos cada um: de 1959 a 1963 e de 1963 a 1967. Nesse segundo período, a Chrysler americana tornou-se dona da Simca francesa, detendo 65 por cento das ações da empresa.

Em abril, a Simca lançou a linha 1963, que vinha com poucas modificações. A principal delas dizia respeito ao câmbio totalmente sincronizado para toda a linha, o que deu à série o nome de "3 Sincros". Externamente, o emblema no para-lama dianteiro foi alterado, e foram oferecidas novas tonalidades de pintura; internamente, o modelo ganhou novos estofamentos em veludo de náilon (Chambord), novo fecho interno do capô do motor e nova trava de

O modelo 3 Sincros tinha como principal novidade o câmbio totalmente sincronizado, identificado pelo emblema no para-lama.

O Alvorada era o modelo básico da Simca, com simplificação nos detalhes internos e externos e sem faróis de neblina.

segurança que atuava na alavanca de câmbio quando colocada em marcha a ré. Na parte mecânica, houve melhorias dos cabeçotes, que elevaram a potência do Chambord para 95 cv, da Jangada para 98 cv, e do Rallye e do Président para 105 cv. Com a economia passando tempos difíceis e a inflação beirando os 80 por cento ao mês, houve uma queda brusca no número das vendas, o que implicou a suspensão de investimentos dos grupos capitalistas.

1963 – O ALVORADA

Em julho, a Simca lançou seu modelo básico ao copiar o que a concorrência já fizera. Ela foi criativa apenas no nome escolhido: Alvorada. O modelo era oferecido nas cores amarela e cinza, com as laterais da porta *color keyed* (combinação de cor) com as cores externas, forradas com um plástico muito fino. O carro perdeu muitos acessórios, como o para-sol do passageiro e o útil sistema de ventilação. Curiosamente só a porta do passageiro possuía fechadura para trancá-la com chave.

Entre os modelos mais populares, o que teve menor aceitação no mercado

A evolução dos modelos

foi justamente o Simca Alvorada, pois o consumidor estava atrás do luxo, que sempre foi marca registrada da Simca, e não aceitou muito o "depenado". Pasteur convenceu a Chrysler de que precisava de dinheiro e se dedicou de corpo e alma ao novo Simca, buscando potência, desempenho e estabilidade superiores aos da concorrência. Nesse ano, a Simca anunciou ter produzido 9.565 unidades, um aumento de quase 25 por cento em relação ao anterior.

1964 – A SÉRIE TUFÃO

Em abril, finalmente ocorreu o lançamento da esperada série Tufão, um produto realmente bom no qual Pasteur tinha grandes expectativas e, por isso, preparou festas e eventos para um lançamento sem precedentes na indústria nacional.

O modelo teve o teto da cabine de passageiros um pouco mais elevado, com para-brisa maior, o que aumentou a área envidraçada e melhorou a visibilidade, além de proporcionar mais conforto para os passageiros do banco traseiro com o

Tanto o Chambord quanto o Rallye receberam mudanças como grade dianteira com dois frisos e novo emblema no centro.

A linha Tufão apresentava um novo desenho de lanterna traseira.

aumento da coluna traseira. Como no 1961 Segunda Série, o friso lateral voltou a ser retilíneo, com uma faixa interna na cor do teto, que proporcionava um belo efeito. Já no Rallye e no Présidence, entre os frisos, era aplicado um elegante acabamento em alumínio.

Os carros eram apresentados em 28 novas combinações de cores, com onze utilizando tons metálicos, oferecidos pela primeira vez no Brasil. O desenho da lanterna traseira mudou, com eliminação do acabamento em tubo no centro e ganho de um terceiro segmento, constituindo-se de uma parte superior vermelha que servia de luz de freio em conjunto com a lanterna, de uma parte central âmbar que correspondia ao pisca-pisca e à luz de marcha a ré, e de uma parte inferior na mesma cor da superior que correspondia à lanterna e incorporava um olho de gato. Ainda no aspecto estético, o Tufão recebeu dois frisos horizontais sobre a parte inferior da grade dianteira, que também sofreu modificações, recebendo um grande emblema com o motivo da Simca (um S e a andorinha) em fundo preto no centro. O capô perdeu esse símbolo, antes executado em metal dourado. As duas entradas de ar circulares do Rallye foram substituídas por duas elegantes gradezinhas tipo moldura, que seguiam o desenho do capô até sua parte final.

O motor foi modificado, racionalizando-se a oferta: o básico deslocava 2.414 cm³, e o Chambord passou a ter saída de escapamento dupla, como já existia no Rallye e no Présidence, e a desenvolver 100 cv. Os modelos Rallye e Présidence receberam um motor chamado de Super Tufão, mais comprimido e de maior deslocamento volumétrico, com 2.505 cm³ e 112 cv, alimentado por dois carburadores estagiados. O motor agora possuía avanço inicial do ponto de ignição com o distribuidor comandado por uma pequena alavanca instalada no painel, que era ajustado conforme a necessidade. O desempenho melhorou com a nova motorização, e só não foi melhor porque o carro estava um pouco mais pesado.

Internamente também houve mudanças, como a graduação do velocímetro com a marca de 180 km/h. No painel,

A evolução dos modelos

Internamente, a linha Tufão oferecia agora um comando interno de avanço inicial do distribuidor exclusivo no Brasil. A linha Rallye Tufão continuava a oferecer bancos dianteiros reclináveis.

havia agora um receptáculo para maço de cigarros no lado esquerdo. Os sistemas de antiembaçamento e ventilação foram aperfeiçoados com o aumento do ângulo de abertura dos quebra-ventos e a presença de três condutores: dois embaixo do painel para entrada de ar externo no interior do carro e outro que, quando necessário, fazia o ar externo correr ao longo dos vidros, evitando assim o embaçamento. A guarnição do painel de instrumentos era estofada; a do porta-pacotes, forrada de feltro. Os bancos tinham novos desenhos e novo molejo, deixando-os mais macios. O para-sol era mais delicado. O espelho retrovisor, maior, passava a ter regulagem antiofuscante. Como prova de luxo do Présidence, havia uma plaqueta exclusiva na coluna traseira para gravar o nome do proprietário no ato da compra. Todos os Simcas ganharam um aumento na altura do chassi em relação ao solo.

As modificações mais importantes do Tufão não eram visíveis. Finalmente, o engenheiro Pasteur começava a ter um carro à altura de sua capacidade: com uma pintura de alta qualidade, o problema da ferrugem precoce desapareceu e muitos detalhes foram aperfeiçoados. Poucos problemas de acabamento permaneceram.

1965 – JANGADA TUFÃO

Neste ano, o Simca recebeu poucas mas importantes modificações, como a ignição transistorizada (pioneira no Brasil), que prometia desempenho uniforme e mais eficiência mesmo em regimes de alta rotação. O sistema de trava de ignição

À esquerda: o Chambord Tufão 1965 possuía ignição transistorizada, equipamento inédito no Brasil, identificado pelo emblema no para-lama. À direita: a carroceria do Jangada 1965 recebeu mudanças como novos frisos laterais, tampa traseira com duas maçanetas, novas lanternas e emblema do Tufão no para-lama.

foi colocado na coluna de direção, conjugada com a trava do câmbio. Houve outras pequenas mudanças, mas de alto valor no dia a dia, como a alça de apoio no teto para os passageiros, maçanetas, aro de buzina e nova fechadura de porta. Os folhetos de propaganda do Présidence ofereciam uma divisória de vidro separando o banco dianteiro do traseiro, mas não se sabe de alguém que tenha encomendado esse opcional.

O visual da Jangada sofreu algumas mudanças, como suavização da coluna traseira, que perdeu as linhas quadráticas típicas dos anos 1950. A tampa traseira vinha com duas maçanetas, que facilitavam sua abertura e fechamento, e novas travas, que melhoravam sua vibração. Os adornos e frisos laterais foram modificados. Pode-se dizer que a Jangada era um Tufão de verdade, e a fábrica marcou o fato aplicando o logotipo "Tufão" no para-lamas dianteiro.

Com a entrada mais firme da Chrysler, 2.300 empregados montavam dezoito carros por dia, e o Simca começou a vender mais expressivamente depois de sete anos no mercado.

1965 – O PROFISSIONAL

Como a Simca julgou oportuno voltar a incluir um modelo popular em seu programa, foi criado o Simca Tufão Profissional, ainda mais simplificado que o Alvorada. O novo modelo, objetivando o mercado de táxis, tinha apenas um meio friso lateral bem fino que terminava no limite da porta dianteira e vinha com o para-choque sem as garras protetoras. Todas as peças que recebiam acabamento cromado

A evolução dos modelos

O modelo Profissional era desprovido de luxos e cromados em sua carroceria, além de não ter tampa no porta-luvas.

No Salão do Automóvel, foi apresentada uma tentativa de aumentar o mercado da Jangada: sua utilização como ambulância.

no Chambord eram pintadas de preto ou cinza-escuro no Profissional. O carro podia vir em quatro cores: verde-limão, amarelo, ovo ou branco. Para diminuir ainda mais o preço em relação ao Alvorada, foi suprimida a tampa do porta-luvas. O acabamento era rústico, sem relógio, com forração das portas de Eucatex pintado presa com parafusos, estofamento em plástico vermelho-escuro e porta-malas sem revestimento. O limpador de para-brisa continuava duplo, mas perdeu o esguichador. Ao contrário do Alvorada, no Profissional só a porta do motorista tinha fechadura com chave. O motor era Tufão e, devido ao menor peso, mais veloz que o Chambord.

Não se sabe quantos Profissionais foram vendidos, mas as produções de seu antecessor Alvorada somadas às do Profissional atingiriam 378 unidades segundo a Simca. Um carro destinado a incrementar as vendas ao atingir a camada mais popular tornou-se um fiasco. Boa parte deles foi vendida por intermediação de sindicatos. Foram produzidos no período o total de 7.136 Simcas, o que representava uma queda de 30 por cento. Esperando atrair mais compradores, a Simca obteve uma linha de crédito especial junto à Caixa Econômica Federal, na qual os usuários podiam usufruir de juros de 2 por cento ao ano. Também dizia-se que 99 por cento do carro era nacional. O Profissional tornou-se o carro preferido dos pilotos independentes de competição por ser

mais leve, poupar a desmontagem dos acabamentos e ter um preço menor.

Ainda nesse ano, os planos para a construção de uma ambulância foram retomados, na tentativa de a Simca aumentar as vendas da Jangada. Foi então utilizado um modelo de série para a construção do protótipo, com a proposta de transportar doentes de forma mais confortável e com maior rapidez, aproveitando a potência do motor Tufão.

Mas a aceitação dela não foi boa, por vários motivos. Um deles foi a anti-higiênica forração das portas e do porta-malas para o transporte de doentes. Outro problema foi o deslocamento do estepe do assoalho do porta-malas para embaixo da maca, exigindo a remoção do paciente durante a troca de pneus. Mas o que teria acabado de vez com o projeto foi a altura do veículo, incômoda demais para um acompanhante do doente, além de dificultar a colocação do suporte para frascos de soro ou sangue. Não foi vendida sequer uma unidade da ambulância, condenando o projeto ao engavetamento.

1966 – SÉRIE EMI-SUL

Em maio, a série Tufão (Chambord e Jangada) passou a ser acompanhada da Emi-Sul (Chambord Emi-Sul, Rallye Especial e Présidence), cuja principal mudança estética foi o aumento da coluna traseira no teto e nas laterais, ganhando o emblema "Emi-Sul". Reconhecendo os limites do velho motor, os novos modelos Simca usavam novos cabeçotes, com câmaras de combustão hemisféricas e válvulas no cabeçote que resultavam em até 140 cv. Com o aumento do espaço ocupado pelo motor, a bateria foi deslocada para o porta-malas.

Esse motor colocava a Simca "na vanguarda do mundo do automóvel". Além da *expertise* técnica, o investimento de 1 milhão de dólares pela Chrysler para o desenvolvimento do Emi-Sul fez toda a diferença. O motor que dava nome à série, chamado pela Chrysler de Hemi, era o primeiro a ser dotado de câmaras de combustão hemisféricas fabricado abaixo da linha do Equador. No Emi-Sul o superaquecimento era coisa do passado.

Motor Emi-Sul, responsável por proporcionar ao Simca grande potência extra.

A evolução dos modelos

O Simca foi o primeiro carro brasileiro a substituir o antigo dínamo por um alternador de 10 ampères, o que permitia a instalação de ar-condicionado e outros acessórios de luxo. A transmissão possuía para cada marcha um overdrive, dispositivo de engrenamento elétrico que resultava em um curioso sistema de seis marchas (6M), com duas primeiras, duas segundas e duas terceiras. O comprador podia escolher entre Chambord, Jangada com motor Tufão, Chambord Emi-Sul, Rallye Especial Emi-Sul, Rallye Especial Emi-Sul 6M e Présidence Emi-Sul 6M.

Tudo isso quase apagava a imagem negativa do Simca, mas o engenheiro Pasteur queria mais: um carro esporte de competição com dois lugares, cujo nome seria "24 Horas". A parte mecânica foi projetada por Jorge Perrot, e um protótipo do chassi chegou a ser feito. O desenho da carroceria foi entregue a Anisio Campos, que idealizou *berlinettas* e *barchettas*. Quanto ao material, seria feita em plástico reforçado com fibra de vidro, mas não chegou a ser produzida. Chico Landi colaborou no projeto, que teria 2,2 m de distância entre eixos, motor dianteiro do Emi-Sul, montagem do motor com o cárter sob o chassi e suspensão Simca rebaixada para diminuir a altura do cofre. Não se chegou a uma decisão quanto ao câmbio que iria equipar o carro, mas o protótipo trazia o 6M, e pensou-se em adaptar o câmbio do Simca 1000 utilizado no Abarth 2000. O

Simca Emi-Sul 1966, com emblema incrustado no friso lateral anunciando a ignição transistorizada.

A coluna traseira do Emi-Sul, muito parecida com a do Thunderbird, devolvia ao modelo um pouco da delicadeza que caracterizara os primeiros Simcas.

esperado era que o carro atingisse 230 km/h e acelerasse até 100 km/h em menos de 10 segundos. Tudo ficou na fantasia, pois as vendas insignificantes da linha normal impediram qualquer gasto adicional.

Os primeiros veículos Emi-Sul que saíram da linha de montagem apresentavam quebras das árvores de comando de válvulas, virabrequim e mancais devido à grande potência. A Simca, ciente do problema, promoveu o primeiro recall de que se tem notícia no Brasil, e a garantia do veículo cobria todos os gastos. A Chrysler enviou o motor para Auburn Hills para um tratamento de emergência que diminuiu a potência para 130 cv. No final de 1966, o Emi-Sul ganhava uma garantia de dois anos, sinal inequívoco da solução dos problemas.

1966 – ESPLANADA E REGENTE

Novembro de 1966 foi marcado pelo lançamento do Esplanada e do Regente no Salão do Automóvel. O nome Esplanada foi inspirado na cidade de Brasília e era o modelo mais luxuoso. O Regente apresentava acabamento simplificado, sem estigmatizar seu dono.

Em alguns veículos, a coluna traseira e o quarto final do teto do Esplanada, junto do vidro traseiro, trazia uma cobertura de couro sintético do tipo "landau", uma moda americana no final dos anos 1960. Os faróis e as lanternas traseiras foram modernizados, com grupos óticos sem a pestana, o pisca-pisca âmbar na parte superior e a moldura cromada com formato trapezoidal. A grade era muito simplificada e tentava dar uma aparência mais larga ao carro. Os para-lamas perdiam as pestanas dos faróis e suavizavam ângulos e pontas. O mesmo ocorreu com a traseira, que perdeu os rabos de peixe com lanternas verticais sutis, e a lateral, agora sem ressaltos, baixo-relevo e lavores. Com a simplificação dos vários frisos laterais, o carro adquiriu uma aparência mais alongada, mesmo que seu comprimento real fosse 2 cm menor. A vigia traseira seguia a linha Emi-Sul, com para-choques mais delicados e painel com detalhe em jacarandá.

O Esplanada possuía opcionais muito apreciados, como faróis auxiliares atrás das grades, e mantinha o estofamento e conforto característicos da marca Simca, além do painel e volante de direção usados desde 1959.

    Houve um período de transição no qual alguns modelos Tufão e Emi-Sul que restaram do ano anterior foram oferecidos junto com o Esplanada, que teve 116 unidades produzidas e vendidas durante o ano. Essa quantidade caracterizava muito mais uma pré-série do que um modelo de fabricação em massa. Também estava sendo projetada uma station wagon da linha Esplanada, que algumas fontes afirmam ter tido um protótipo construído. As vendas da Simca caíram dramaticamente em 1966, com apenas 5.287 novas unidades. O Emi-Sul falhara em sua missão.

1967 – ADEUS AO CHAMBORD

Simca Jangada Emi-Sul, com novos frisos laterais.

As séries Tufão e Emi-Sul marcariam o final do Chambord e, como todos os carros de final de linha, eram os mais desenvolvidos e desejáveis. Quanto às vendas, 50.455 Simcas Vedettes foram feitos no Brasil: 42.910 Chambords, 848 Présidences, 3.992 Rallyes e 2.705 Jangadas. Em maio de 1967, ainda foram fabricados 272 Chambords e 33 Jangadas com motores Emi-Sul, enquanto o Rallye e o Présidence tiveram sua produção encerrada. Esses números adquirem relevância maior se constatarmos que apenas trinta pessoas se dispuseram a comprar os Chambords Emi-Sul nesse mês e nenhuma pessoa no Brasil inteiro se interessou pelas Jangadas.

1967 – VERSÕES CHRYSLER

Em 1967, a imprensa divulgava rumores de que o Valiant ou o Dart seriam lançados no Brasil, fato negado pela Chrysler. Tecnicamente, poderíamos encerrar a história da Simca por aqui, mas não dos Simcas, pois, apesar da absorção da empresa pela Chrysler, o fim da produção dos carros não foi imediato. Havia um problema mercadológico: se na Europa o nome Simca era forte e respeitado, no Brasil estava irremediavelmente condenado por problemas de variação na qualidade, baixo valor de revenda e alto custo de manutenção. Para resolver o problema, a Chrysler inicialmente paralisou a produção e as vendas do Esplanada e colocou sua imagem como garantia: tudo para vender os carros.

Para melhorar a qualidade dos modelos, foram enviados um Esplanada e um Regente aos Estados Unidos para serem submetidos a testes de três meses e 90.000 km.

A evolução dos modelos

As vantagens estruturais do monobloco, a integridade dinâmica da suspensão McPherson dianteira e o desempenho do novo V-8 convenceram que a melhor atitude economicamente viável era continuar com a linha herdada da Simca. E assim foi feito, com a divulgação de 53 defeitos corrigidos após os carros terem rodado 20.000 km em estradas ruins; 11.000 km, a 150 km/h; mais 12.000 km sobre blocos de pedras no campo de provas da Chrysler, além de outros testes. O carro desenvolvia agora 130 cv. O grande argumento de vendas passou a ser a garantia de dois anos ou 36.000 km, única no Brasil, demonstrando a confiança da Chrysler no produto. Os testes foram amplamente explorados nas propagandas da empresa, e os carros receberam uma plaquinha na traseira com os dizeres: "Fabricado pela Chrysler do Brasil".

O estilo foi modificado: os faróis trapezoidais ganharam um conjunto óptico duplo ao longo do para-lama disposto na vertical; a grade recebeu uma divisão horizontal com peças estampadas em alumínio de alta qualidade, ficando mais delicada. Mecanicamente, os motores receberam um novo comando de válvulas e chegavam facilmente a 160 km/h, com aceleração de 100 km/h em 13 segundos. Victor G. Pike, o interventor da Chrysler, diminuiu o número de empregados em todos os setores: de 1.700 para 1.300, mas a produtividade passou de dezoito para vinte Regentes e Esplanadas por dia. Apesar de todos os esforços e alterações, a Chrysler já planejava substituir esses produtos e se preparava para o lançamento da linha Dart 1966 e do Hillman Avenger, conhecido no Brasil como Dodginho 1800.

Produtos apreciados pelo consumidor, os modelos Regente e Esplanada foram mantidos pela Chrysler.

O GTX, modelo esportivo do Esplanada, possuía visual moderno e excelente desempenho proporcionado por sua potência. Foi inclusive considerado como o primeiro muscle car brasileiro.

1968 – GTX

O GTX era um modelo de cosmética esportiva, com painel com conta-giros, volante de direção típico de carros esporte, pintura com grandes faixas e capô preto, cores muito fortes e chamativas, além de denominação copiada de um modelo Plymouth esportivo da época. O nosso GTX tinha motor V-8, câmaras de combustão hemisféricas, câmbio de quatro marchas e alavanca no assoalho.

1969 – O FIM

O Simca recebeu painel de jacarandá, bancos em couro, tapetes de buclê de lã, embreagem com comando hidráulico, e motor que rendia outra vez saudáveis 140 cv e tinha folga para mais desenvolvimento.

Em outubro, a Chrysler lançou o Dart, e o Simca passou a fazer parte do panteão de marcas e carros falecidos. Que descanse em paz.

CAPÍTULO 4

NAS PISTAS

CORRENDO NO BRASIL

Foram registradas duas participações notáveis da marca Simca francesa, antes de sua instalação no Brasil, com o Huit Sport e o Neuf. A primeira vitória com um Simca no Brasil coube a Celso Lara Barberis, como piloto de um Simca Huit Sport em 1950. Levou quase 1 hora e 30 minutos para percorrer as dez voltas dos Oitenta Quilômetros de Interlagos. O segundo piloto que inscreveu a Simca na história das corridas no Brasil foi Ciro Cayres, que começou a participar de corridas assistindo-as em 1948. Jurou para si mesmo que correria algum dia, o que realizou em 1950, após arranjar um Fiat modificado e chegar em terceiro lugar. Em 1951, correu com o sedã de quatro portas Simca Neuf.

Quando a fábrica da Simca entrou em ativa em São Bernardo do Campo, os Simcas voltaram a participar de corridas no Brasil, com ativa cooperação da fábrica. Foi montada uma das equipes de competição mais eficientes e vibrantes do mercado, que com o tempo fizeram história. Os Simcas Chambord eram sedãs luxuosos e fora do Brasil tiveram atuação modestíssima em ralis, mas a versão brasileira demonstrou ser uma opção válida para competições de velocidade devido à surpreendente estabilidade e ao motor V-8.

Ciro Cayres, um dos mais brilhantes pilotos brasileiros de todos os tempos.

É DADA A LARGADA

Entre o final da década de 1950 e o início da década de 1960 havia uma disputa pelo poder desportivo do automobilismo: de um lado, o já cinquentenário Automóvel Club do Brasil (ACB), filiado à Federação Internacional do Automóvel (FIA) e dirigido pelo general Sílvio Américo Santa Rosa; de outro, o esportista Ramon von Buggenhout e o radialista Wilson Fittipaldi, que haviam fundado a Confederação Brasileira de Automobilismo (CBA). Foi nesse confuso período que o Simca Chambord começou a surgir nas corridas.

Os regulamentos técnicos emanavam da FIA, sob a tutela do ACB, e os carros competiam divididos em categorias chamadas "grupos", que eram divididos em classes de cilindrada. Carros de Turismo como o Simca podiam competir no Grupo 1, ao qual se destinavam os carros praticamente originais, e no Grupo 2, reservado aos carros com certa liberdade de preparação. O Grupo 3 era o dos carros grã-turismo, de dois lugares. Esse regime de grupos estabelecia que os carros deveriam ser de produção em série, com um número mínimo de produção em doze meses ou menos. Nos grupos 1 e 2, a produção mínima teria de ser 5.000 carros por ano, e no grupo 3, 1.000.

Os regulamentos técnicos eram regidos pelo Anexo J ao Código Desportivo Internacional da FIA; e os carros tinham de ser homologados para poderem competir. Contra esse estado de coisas é que Von Buggenhout e Fittipaldi se rebelaram, por acreditarem que no Brasil caberiam outros tipos de regulamento. O regulamento técnico da primeira Mil Milhas Brasileiras, em novembro de 1956, por exemplo, não tinha nenhum ponto em comum com os regulamentos internacionais e, mesmo assim, a prova foi um sucesso incontestável. Haveria várias Mil Milhas nos anos subsequentes.

Já a primeira prova em que um Chambord tomou parte, a 24 Horas de Interlagos Geia, em 1960, tinha um regulamento bem diferente do adotado na Mil Milhas. O "Geia" significava que os carros admitidos deviam ser somente de produção nacional e ter aspecto externo e órgãos mecânicos rigorosamente normais de série. O que não era visível podia ser modificado livremente, em especial o motor e a transmissão. Para essa prova a Simca cedeu dois carros, um para Ciro Cayres e Bird Clemente (que era piloto da Vemag, mas foi autorizado a correr de Simca, pois a fábrica do DKW decidira não participar oficialmente da prova), e outro para Catharino Andreatta e Breno Fornari, e deu toda assistência de pista. Um terceiro Chambord, de Rodolfo Parrato e Norberto Rochet, completou a presença da marca na corrida, vencida pelo FNM 2000 JK dos petropolitanos Álvaro e Aílton Varanda.

Largada para a 24 Horas de Interlagos em 1960, na qual ocorreu a primeira participação dos veículos Simca em corridas.

Depois das participações informais em 1960 e 1961, houve um esforço para melhorar a imagem do carro no final de 1962. O Departamento de Propaganda, dirigido por Günther Pollack, criou um Departamento Esportivo com o intuito de usar as corridas como laboratório para melhorar os carros. Ciro Cayres, que já correra de Simca Huit nos anos 1950 e com o modelo brasileiro desde 1960, foi contratado para pilotar os carros e o Departamento Esportivo. Em 1964, Ciro preferiu apenas correr, e a função foi transferida para Chico Landi.

Mais conhecido como Departamento de Corridas, o Departamento Esportivo nasceu com quatro mecânicos e um funileiro e ganhou um galpão afastado do corpo da fábrica que trabalhava em parceria com o setor de Desenvolvimento de Motores (seus motores rendiam 92 cv nas pistas). Os dois setores tentavam corrigir os problemas perceptíveis no uso cotidiano, mas agravados durante as competições: excessivo consumo de óleo, dificuldades com a bomba de gasolina e quebras nas engrenagens do comando de válvulas e nos anéis. Preparavam veículos sob as regras do Grupo 1 – praticamente sem modificações em relação aos que eram vendidos ao consumidor, Grupo 2 – que admitia certas mudanças no motor e na suspensão – e carreteras, com o mesmo regulamento da Mil Milhas Brasileiras. O Departamento trabalhava com liberdade e aplicou técnicas bem conhecidas: diminuir o peso com a retirada de bancos e para-choques, além de confeccionar partes da lataria com chapas de menor espessura. A suspensão também era mais dura e rebaixada, e as relações das marchas e do diferencial podiam ser alteradas de acordo com a pista, o que mostrou o quão sério foi o envolvimento da fábrica em competições.

Ciro Cayres e seu carro, sempre com o número 44, eram presenças constantes nas pistas. Os carros de Turismo Anexo J da FIA, carreteras e os protótipos eram preparados na fábrica, em um galpão mantido fechado para a imprensa e para o público. Graças a pilotos habilidosos e persistentes, com destaque para Ciro Cayres e Jayme Silva, os Simcas não fizeram feio e deram origem a protótipos como o Ventania, também chamado posteriormente pelos nomes de Tempestade e Perereca, que teria feito bonito até no exterior, se tivesse sido mais desenvolvido.

Nas pistas

Os adversários mais incômodos para o Simca nas pistas de corrida eram os JKs (à esquerda) e os DKWs (à direita).

Obviamente, as corridas daqueles tempos eram muito diferentes das atuais, com médias baixas – exceto no circuito antigo de Interlagos –, "pegas" mais constantes e menos estabilidade, a ponto de os pilotos terem de domar seus carros mais do que atualmente. Sem qualquer tipo de eletrônica, a segurança era quase inexistente: cinto de segurança nunca era usado, capacetes abertos e um ou outro guard--rail. Os Simcas eram alternativas válidas aos carros de competição puros, com custo de aquisição muito menor. Os adversários mais incômodos eram os endiabrados DKWs (com motor dois-tempos de três cilindros e 981 cm^3) e os FNM 2000 JK (com motor dois-litros de quatro cilindros e duplo comando de válvulas).

GRANDES CONQUISTAS EM 1961

Além de Ciro Cayres, mais dois pilotos se destacaram usando o Simca: Bird Clemente e Zoroastro Avon. Ser piloto de testes da fábrica naqueles tempos significava circular pelo Caminho do Mar, mais conhecido como "estrada velha", que ligava Santos a São Paulo através de curvas bem fechadas e rampas muito íngremes. Já deserta nos anos 1960, era usada como pista de testes natural pelas fábricas, com a grande vantagem de ser próxima a São Bernardo do Campo, o parque automobilístico brasileiro da época. Reproduzia condições de uso

Apesar de sua conhecida história com a Willys, Bird Clemente iniciou sua carreira com DKW e Simca.

Disputa entre o JK de Alvaro Varanda e o Simca de Zoroastro Avon na 24 Horas de Interlagos de 1961.

terríveis, com bruscas mudanças de pressão atmosférica, umidade e temperatura, algo importante para motores carburados que trabalhavam com gasolina de 87 octanas, além de ser excelente para testar os freios e ser possível rodar em segredo.

Zoroastro Avon talvez tenha sido a pessoa que mais contribuiu para a fama da Simca em competições. Na 24 Horas de Interlagos de 1961, emparelhou seu carro, de menor potência, com um dos campeões imbatíveis daqueles tempos, o FNM 2000 JK. Os dois passaram juntos na reta dos boxes, e a ligeira subida antes da Curva 1 deu fôlego ao JK, mas Avon estava "grudado" no vácuo do adversário. Os dois entraram no miolo de Interlagos e, na Curva do Sol, Avon fez o impossível: ultrapassou o JK por fora, com a traseira pulando e deixando marcas dos pneus na pista. A extremamente fechada Curva do Sargento era o obstáculo seguinte, onde muitos não entravam a mais de 80 km/h. Avon provavelmente estava a 120 km/h, próximo do JK, mas na entrada da curva ele pisou fundo, aproveitando a estabilidade do Simca, e o JK "afinou". Só não venceu devido a uma quebra mecânica e chegou em quinto lugar.

Nesse ano, os Simcas começaram a triunfar em provas regionais no Sul, como as vitórias na Primeira Subida da Montanha e na segunda prova do Quilômetro de Arrancada. Em dezembro, foi realizada a sexta Mil Milhas em Interlagos: dois Simcas foram preparados pela fábrica para essa corrida e tiveram boa atuação, alcançando o segundo lugar na parte final da prova, mas terminando em décimo após uma quebra. Também houve outros Simcas participantes vindos do Sul, com preparação própria. Na quarta Subida de Montanha, em setembro de 1961, a equipe Simca passou a ser integrada por um de seus mais fiéis e capazes pilotos: Jayme Silva. Havia atuado como mecânico durante a 24 Horas Geia e, entre seus feitos, foi capaz de subir a estrada velha de Santos em 7 minutos e 22 segundos, conquistando um lugar como piloto profissional da Simca.

1962 – OS TEMÍVEIS DKWs

Como forma de provar a resistência de seus carros, a Simca tentava patrocinar os corredores, mas Zoroastro Avon desistiu dos modelos da empresa e migrou para o DKW, enquanto Bird Clemente continuaria como piloto da Vemag. Os novos pilotos de destaque da equipe Simca passaram a ser os irmãos Ubaldo César e Augusto Lolli. Ciro Cayres continuava correndo com os Simcas de Ignácio Terrana.

Em 1962, o Simca conseguiu apenas uma vitória inconteste, em uma corrida de dez voltas, mas ela acabou sendo anulada. A Simca tinha grandes esperanças e patrocinou a dobradinha Ciro Cayres e Jayme Silva, liderada pelo primeiro, que não levou o Prêmio do Triangular Sul-Americano por causa de um engano do sinalizador de pista e do próprio piloto. O sinalizador de pista marcou nove voltas para Ciro, quando na verdade ele já havia completado as dez voltas da prova. Ciro deu mais uma volta, mas pelo circuito externo apenas, um erro incompreensível tendo em vista que o piloto já corria havia quase dez anos e sabia muito bem que devia ter considerado a bandeira quadriculada – e somente ela – como término da corrida. O Simca de Ubaldo e Augusto Lolli também foi desclassificado, pois a vistoria mostrou que seu motor deslocava 2.600 cm³, transgredindo o regulamento.

No mesmo ano, a Simca divulgou sua participação em uma prova transcontinental. Um piloto uruguaio e outro francês levariam os dois carros por todos os tipos de estradas. Após um coquetel saíram pela avenida Brasil e pegaram a avenida Rebouças com o intuito de seguir pela BR-116 em direção a Porto Alegre. Passaram um sinal fechado e foram imediatamente multados por um guarda. No final, os Simcas quebraram, fracassando na tentativa de provar que eram resistentes.

Para comemorar o segundo ano da fundação de Brasília, ocorreu em abril de 1962 a Mil Quilômetros de Brasília, disputada nas enormes avenidas ainda pouco movimentadas e sem semáforos da cidade. A Simca se deu mal: Ciro Cayres e Jayme Silva chegaram atrás de um DKW pilotado por Wilson Fittipaldi Jr., e os irmãos Lolli acabaram capotando algumas vezes após se projetarem por um barranco e tiveram que desvirar o carro para voltar ao circuito. Mas o acidente avariou o sistema de direção, e Augusto Lolli bateu de frente em uma das paredes de um viaduto. Como era previsível, os JKs pilotados por Antônio Carlos Aguiar e Antônio Carlos Avallone dominaram.

Em maio, a terceira edição da 12 Horas de Porto Alegre permitia apenas a participação de carros originais ou com pequenas modificações no freio e na suspensão, por questões de segurança. Os Simcas brilharam na emocionante prova de classificação: Breno Fornari e seu copiloto Afonso Hoch, além de Antônio Pegorato e Dante Carlan, fizeram uma média de 97 km/h e pegaram os dois primeiros lugares. A largada seria tipo Le Mans, com os carros alinhados em diagonal na área dos boxes; os pilotos ficavam do outro lado e tinham de correr até o carro ao ser dada a largada. Aldo Costa ficou desesperado quando seus mecânicos trocaram a água do radiador e, depois, o carro se recusava a pegar. Finalmente levou seu carro para o alinhamento e, em vez de sair dele para a breve corrida a pé, ficou dentro acelerando e largou na frente. A direção da prova o penalizou em uma volta.

A rivalidade dos DKWs ficou evidente numa atitude de Henrique Iwers, que corria com o pai, Karl. Depois de liderar a prova durante uma hora, acabou batendo em um barranco e abandonou, apesar de instado pela sua equipe mecânica, que dizia poder reparar as avarias. Henrique afirmou que "só queria provar que andava na frente de qualquer Simca". Breno Fornari ganhou a prova com o Simca que o classificara em primeiro lugar para a largada.

A rivalidade com os DKWs terminou com a derrota da Simca na Prova de Subida de Montanha em Petrópolis, em julho de 1962. Agora era a pilotagem que mais contava: Bird Clemente chegou em segundo lugar, mais de trinta segundos na frente do Simca de Jayme Silva. Outra derrota da Simca para os DKWs ocorreu em agosto de 1962, em Araraquara, em uma prova de rua na qual Mário César de Camargo Filho, o Marinho, parecia imbatível.

Pior ainda para a Simca foi a entrada da Willys nas corridas. Como os Gordinis e Dauphines eram inferiores, a empresa importou da França os Renaults 1093, que vinham com o motor desenvolvido por Amédée Gordini para os Alpines. Contratou também aquele que era apontado como o melhor piloto brasileiro de seu tempo: Christian Heins, que também dirigiria a equipe. Mas a corrida apresentou uma surpresa de pouca dignidade: um Simca que havia dado algumas voltas na pista e se retirara voltou apenas para segurar Heins.

Largada tipo Le Mans, com carros e pilotos em lados opostos.

Depois de algum tempo, a direção da prova ordenou que o Simca delinquente se retirasse da pista. Não deu outra: primeiro lugar para o DKW e segundo para o 1093, com Christian Heins ao volante. O Simca pilotado por Antônio Carlos Avallone teve que se contentar com o terceiro lugar.

Mário César de Camargo Filho deu outra surra nos Simcas; Bird Clemente completou a superioridade dos DKWs e bateu Ciro Cayres em um pega tão perigoso quanto emocionante. Em setembro, a Simca obteve o que poderia ter sido uma retumbante vitória, caso não fosse artificiosa, pois nas Seis Horas da Guanabara Jayme Silva e Ciro Cayres deixaram Mário Olivetti em terceiro no JK, ensanduichado por Ignácio Terrana em quarto. No mesmo mês, a Simca fez bonito e ganhou a prova preliminar da 500 Quilômetros de Porto Alegre com o piloto José Madrid. Outros três Simcas seguiram o vencedor.

No dia 3 de setembro, ocorreu em São Paulo a Três Horas de Velocidade, em Interlagos, para carros da categoria Grã-Turismo, o Grupo 3. Os Simcas correram bem, principalmente o de Ciro, que chegou a disputar a liderança com um Willys Interlagos berlineta e um JK; mas a corrida foi vencida por três Interlagos dirigidos pelos "pilotos de fábrica" Wilson Fittipaldi Jr, Luiz Pereira Bueno e Rodolfo Olival Costa.

Em dezembro, o Simca dirigido por Ciro Cayres e Jayme Silva obteve um resultado significativo na 500 Milhas de Interlagos: chegou em terceiro lugar em uma corrida de sete horas, "empurrando" dois esportivos de verdade pilotados pelos melhores pilotos da época. O primeiro lugar coube a Christian Heins e Luiz Antônio Greco, em uma berlineta Interlagos com farol central preparada meticulosamente após 102 voltas no circuito. O feito de Cayres e Silva impressionou, pois completaram 97 voltas com média de 110,87 km/h em um sedã normal feito no Brasil, contra dois carros esporte (Interlagos Berlineta e Porsche 356 SC) com médias de 116 km/h e 113 km/h. Ainda no final de 1962, a Simca passou a correr com o apoio da fábrica oficialmente, mediante a criação do Departamento de Competições. Os resultados na pista iriam mostrar a melhora que isso representava.

1963 – AS DESAFIANTES

Em janeiro, uma falha na cronometragem quase fez a Simca não levar o prêmio na 500 Milhas de Porto Alegre. Marinho acabaria desclassificado por um grave erro da organização da prova, mas uma multidão de torcedores invadiu a pista, obrigando o DKW a diminuir a velocidade e parar antes da bandeirada para não atropelar ninguém.

Largada da 12 Horas de Interlagos, na qual participou o Simca 44 pilotado por Ciro Cayres, Jayme Silva, José Eugênio Martins e Danilo Lemos.

Em março, o Simca de Ciro Cayres, Jayme Silva, José Eugênio Martins e Danilo de Lemos, patrocinado pela fábrica, chegou em quarto lugar na geral da 12 Horas de Interlagos. Em abril, Marivaldo Fernandes levou a Simca a conseguir um segundo lugar na 12 Horas de Brasília; no mesmo mês, Ciro Cayres chegou em segundo lugar no Circuito de Araraquara.

Em junho, o Simca conquistou uma bela vitória na 12 Horas de Porto Alegre, com o carro número 77 pilotado pela dupla gaúcha Valter Dal Zotto e Juvenal Martini, provando que a Simca se dava melhor no clima frio do Sul. Mas o tempo trazia novos adversários para a companhia: o primeiro grã-turismo brasileiro, o Interlagos, preparado pela equipe Willys.

Em novembro, Jayme Silva chegou em segundo lugar, atrás de uma berlineta pilotada por Marivaldo Fernandes e Chico Landi, na 1500 Quilômetros de Interlagos, com Ciro Cayres em quinto lugar. A equipe que ele chefiava era a melhor em termos de garra e organização de todo o automobilismo brasileiro e encarou com muito profissionalismo o desafio de andar na frente dos Willys Interlagos, visto que os JKs não eram mais páreos para os Simcas. Essa corrida marcou o início da virada da Simca – a diferença entre os tempos dos sedãs da empresa não era muito grande e vencer a berlineta havia se tornado uma meta para a equipe. Todos tinham esperança em chegar na frente na 1500 Quilômetros de Interlagos, mas para surpresa geral os veículos da Willys tiveram um desempenho muito superior ao habitual. A equipe Willys, ao perceber a aproximação dos Simcas, trouxe da França alguns motores R-8, que equipavam os Alpines. Com cilindrada de 1.300 cm³, câmbio de cinco marchas e freios a disco Dunlop ventilados, não dava mais nenhuma chance de reação à Simca, que era apenas um sedã.

Curiosamente, o campeão do ano na classe dos Simcas foi Ignácio Terrana, premiado pela média conquistada a partir

O Willys Interlagos vencedor da prova 1500 Quilômetros de Interlagos, com o Simca de Jayme Silva logo atrás.

Nas pistas

dos pontos, sem precisar vencer. Virava em Interlagos em cinco minutos, numa toadinha soporífera para os espectadores.

Ciro Cayres e Jaime Silva tiveram mais quebras e incidentes e participaram de uma quantidade menor de provas.

1964 – A CARRETERIZAÇÃO

Ultrapassado demais para a nova geração de carros que estava sendo lançada, os Simcas passaram a participar de categorias "vale-tudo". O primeiro teste do veículo foi na 1600 Quilômetros de Interlagos no fim de 1963. Um sedã de teto rebaixado segundo o regulamento de carreteras forneceu à Simca sua primeira grande vitória, além de emplacar também o terceiro lugar. No começo do ano, Jayme Silva recebeu o Troféu Menção Honrosa como segundo melhor piloto no Prêmio Victor concedido pela revista *Quatro Rodas* para a escolha dos melhores pilotos de 1963, por sua participação em um longo rali com mais de 1.600 km da Bahia ao Rio, chegando em quinto lugar.

Numa corrida disputada só por corredoras, a Prova do Batom, a Simca conquistaria o segundo lugar com a irmã de Ciro, Leonie Cayres, a bordo do Simca 44, que manteve médias superiores a 100 km/h em uma corrida de oito voltas. A vencedora foi Marise Cayres Clemente, a outra irmã de Ciro e esposa de Bird Clemente.

Em março, Ugo Gallina conquistou o sétimo lugar na 80 Quilômetros de Interlagos a bordo de seu Simca particular. No mesmo mês, Ignácio Terrana continuava a colecionar pontos com seu Simca, tendo em vista um novo Prêmio Victor, na 200 Quilômetros de Interlagos. No mesmo autódromo, o Simca carretera de Estevão Brandi conquistou na prova Constantino Cury, em abril, o quinto lugar.

No resto do ano, várias corridas, mas apenas um sexto lugar foi conquistado em Brasília, com Conceição e Estevam Brandi. O Departamento de Competições, sério e unido, mantinha sigilo quanto às atividades que estava realizando, apesar do barulho considerável no galpão. Guardas mal-encarados ficavam de prontidão na

Carretera Simca pilotada por Jayme Silva e Ciro Cayres na 1600 Quilômetros de Interlagos.

Clássicos do Brasil

Protótipo Ventania, que fazia uso do chassi de um velho Maserati e era equipado com motor Tufão.

porta, e as janelas permaneciam cobertas, resultando na frustração de redatores e cronistas. Para disfarçar, Ciro Cayres e Jayme Silva levaram um Simca ao segundo lugar em Interlagos, em julho. Esses acontecimentos coincidiam com a tentativa de homologação para o Tufão como sedã de série; o maior problema é que não se conseguia a adequação à regra, fabricar mais de mil carros. Pasteur também havia mandado importar um Simca Abarth 1300 para acabar com a festa da Willys.

Em agosto de 1964, Ciro Cayres negou a vinda dos Simcas Abarth e apareceu em um carro número 44 com chassi e suspensão Maserati de corridas 1957, criando um protótipo GT com o motor do Tufão. Inspirado no Lola da época,

com carroceria muito bem desenhada e proporcionada de plástico/fibra de vidro e coda tronca – a traseira truncada inventada por Wunibald Kamm e coqueluche da época –, rendia 150 cv. Seria chamado de Ventania. Completando a equipe, havia também a carretera 26 pilotada por Jayme Silva e o Simca número 30 pilotado por Euclides Pinheiro e Duílio Ramos. O modelo que seria nomeado Ventania partiu na frente de todos e, após disputa acirrada com a berlineta Willys e parada para reabastecimento, ambos quebraram.

Em setembro, finalmente apareceram os Simcas Abarth 2000, emprestados por um breve período para vencer as berlinetas e promover o Tufão. Eram três Abarths e um estoque limitado de peças, incluindo relações de marchas e engrenagens de diferencial para cada circuito, com o plano inicial de se usar somente dois carros por corrida, deixando o terceiro como reserva. O motor poderia girar a 12.000 rpm, mas o engenheiro Pasteur, que supervisionava tudo, especialmente algo tão caro e momentoso como os Abarths, decidiu impor um limite de 7.500 rpm para evitar quebras, mais que o suficiente para trucidar a concorrência, que alcançava apenas 6.000 rpm.

A PRÉ-ESTREIA DOS ABARTH

A história dos Abarths está intimamente ligada a uma das maiores revelações do automobilismo nacional: José Fernando Lopes Martins, apelidado de "Toco"

Nas pistas

por sua pequena estatura. Na equipe desde o final de 1963, começou como mecânico e logo passou a ser piloto de testes da fábrica, circulando pela estrada velha de Santos. Quando Toco foi convidado a pilotar o carro em Interlagos fazia as curvas em um tempo bem pior do que os conseguidos pelos pilotos já tarimbados, mas Ciro convidou-o para dar duas voltas como passageiro e observar as manhas da pilotagem. Toco assumiu novamente o volante e conseguiu tempos muito próximos aos de Ciro, mostrando que aprendera a lição. Ciro apostou no talento do jovem, que venceu a sétima corrida de que participou com o que aprendeu.

Os Abarths chegaram numa quarta-feira para participar das Três Horas de Interlagos, programada para domingo, mas na quinta-feira a ansiedade tomou conta de todos. Ninguém conseguia nem queria sequer ler os manuais de instrução, escritos em italiano. Os carros simplesmente não funcionavam, causando pânico entre mecânicos e pilotos. Um

Motor Abarth 2.000 cm³.

dos problemas logo foi descoberto: para proteger o carro em imobilidade contra a poeira, havia um pequeno tampão de borracha no respiro do carburador; mas isso ainda não fora suficiente para pôr o motor em funcionamento. Às três da manhã, Toco localizou um funcionário do turno da noite que entendia um pouco de italiano e descobriu a necessidade de remover uma película de plástico colocada entre os tubos coletores de admissão e sua base no motor, que impedia a mistura ar-gasolina de acessar os cilindros.

A ESTREIA DOS ABARTHS

Com os imprevistos na preparação, os Abarths não participaram dos treinos para as Três Horas de Interlagos no dia 30 de agosto e largaram em último. A maioria dos pilotos examinou os Abarths, admirando aquela coisa até então desconhecida de todos. O improvável aconteceu: logo após a largada, os dois Abarths ultrapassaram todos os outros competidores. Completaram já na primeira volta em primeiro e segundo lugares, dominando totalmente a primeira prova em que correram. Ciro

Três Horas de Interlagos, na qual os Abarths fizeram sua primeira participação.

Cayres usou o modelo número 44, de seis marchas, e Jayme Silva, o modelo número 26, de quatro marchas. O Willys Interlagos sofria com o sobre-esterço excessivo provocado pela suspensão mais elaborada e pelos pneus de largura inédita no Brasil, mas o Abarth parecia estar sempre em uma reta. No meio da corrida um pneu do 44 estourou na penúltima volta. Jayme parou o 26 na reta principal, na época longe da visão do público, pois havia combinado com Ciro que os dois terminariam essa prova juntos. Quase parando, completaram a última volta: Jayme Silva e Ciro Cayres, manquitolando sem um pneu, em primeiro e segundo lugares.

No dia 7 de setembro ocorreu a 500 Quilômetros de Interlagos, com a participação do Ventania, pilotado por Ciro Cayres e Ubaldo Lolli. Jayme Silva ia no Abarth de seis marchas, e um piloto baixinho quase desconhecido do público entrava no Abarth de quatro marchas. O protótipo Ventania de Ciro quebrou quando o isolante térmico da parede corta-fogo se dissolveu e o carro virou uma "fornalha". Jayme Silva também quebrou após liderar um terço da prova (que teria 63 voltas): um dos coxins de borracha onde se apoiava a transmissão soltou e o carro ficou indirigível. Com a saída de Jayme, Toco assumiu a ponta e fez uma corrida serena. Na sétima edição da 500 Quilômetros de Interlagos, chegou em primeiro lugar com três voltas inteiras à frente do segundo colocado.

Em outubro, o Chambord de Breno Fornari venceu na categoria C (Turismo) a penúltima etapa do Campeonato Automobilístico Internacional do Norte do Uruguai.

1965 – PROBLEMAS COM A ALFÂNDEGA

A Simca era, ao lado da Willys, uma das equipes de corrida mais organizadas da época e tinha em Ciro Cayres as funções de chefe de equipe e piloto, com autoridade limitada sobre os colegas, pois todos eram pares entre si e ficava difícil cuidar de tudo. O Departamento de Competições resolveu contratar Chico Landi para a função de chefe de equipe, o qual diagnosticou dois problemas:

Nas pistas

os Abarths ainda não estavam bem preparados e os pilotos "não tinham juízo". O restante das funções ficou organizado da seguinte maneira: Ciro Cayres ficou na chefia; Jayme Silva era o chefe da oficina; e Toco, o "agente técnico". Os pilotos eram Ciro, Jayme, Toco e Lolli. A Simca apoiava ainda pilotos particulares como Expedito Marazzi.

Em janeiro, o protótipo Ventania pilotado por Ciro Cayres e Ubaldo Lolli venceu a Seis Horas de Brasília, chegando na frente dos dois Abarths, do carro 26 pilotado por Jayme Silva e Toco e do carro 44 pilotado por Marivaldo Fernandes e também Toco, que se revezava nos dois Abarths. A estranha vitória do Ventania era parte de uma clara estratégia de marketing da Simca para promover o motor Tufão, que equipava o modelo. Além disso, a Simca garantiu também a quarta colocação, com o Chambord particular dos pilotos Walter Hahn Jr. e Toninho Martins, e a quinta, com outro Chambord, dos pilotos Euclides Pinheiro e Marivaldo Fernandes.

Em março, a primeira Três Horas da Velocidade foi disputada em Recife, no circuito de pouco mais de 2.600 m da Cidade Universitária. A Simca mandou apenas a nova carretera, que fez sua estreia nas pistas pilotada por Jayme Silva, que venceu tranquilamente. Em abril, a equipe Simca não teve a mesma sorte na 1600 Quilômetros de Interlagos, uma corrida de longa duração. A certeza da vitória era grande, e a tática era andar forte no início, forçando quebras dos concorrentes, mas o resultado da empreitada foi exatamente o oposto, com

A carretera da Simca pilotada por Jayme Silva foi vencedora da Três Horas de Velocidade em Recife, mostrando que as quatro marchas à frente, além do rebaixamento e encurtamento, tiveram papel preponderante na eficiência do veículo.

O protótipo Tempestade venceu inesperadamente a 500 Quilômetros da Barra da Tijuca.

quebras dos carros da equipe. Sobraram apenas Simcas independentes, que conseguiram como melhor posição um nono lugar. Mostrando que aprendera a lição, Chico Landi exigiu mais regularidade e menos arrojo. O teste seria em Brasília, na 12 Horas que aconteceria em maio. Os Abarths assumiram a liderança, com Ciro Cayres e Ubaldo Lolli no carro 44 na dianteira, e o 26 de Jayme Silva e Toco na sequência. As instruções de Chico deram certo, e o 26 ganhou tranquilo.

Na 12 Horas de Interlagos que ocorreu em junho, a corrida terminou com a quebra dos concorrentes e a vitória do Abarth 26, que chegou se arrastando depois de encharcar os pilotos de óleo durante a corrida inteira por causa de um vazamento. O domínio da Simca continuaria no mês seguinte, durante a Seis Horas de Interlagos, mas Chico Landi e a Simca não tinham muitas razões para ficarem tranquilos. Uma ameaça branca surgiu nessa corrida: um protótipo com motor DKW, construído por Rino Malzoni. Conseguiu encostar no Abarth e "empurrá-lo", com Marinho (Mario César de Camargo Filho) dando um show de pilotagem e chegando em segundo lugar. Ainda em julho, a Simca decidiu

Nas pistas

de última hora participar da Segunda Etapa do Campeonato Carioca, na qual os Abarths dominaram a corrida com imensa facilidade; além disso, conseguiu conquistar a vitória na 500 Quilômetros da Barra da Tijuca com o protótipo Tempestade, após largar em último por não ter participado da prova de classificação. Também venceu com facilidade a 12 Horas de Brasília. Chico Landi havia dado ordem para seus pilotos andarem sem forçar, fazendo as voltas em média de quatro minutos, pois os Abarths se classificaram com tempos próximos de 3min45s.

Em agosto, foi realizada no Paraná a Prova da Rodovia do Café, numa estrada nova e asfaltada, feita para andar com o "pé em baixo". A Simca de Chico entrou com um "exército" impressionante: os dois Abarths, o protótipo Tempestade, o protótipo 83 (mistura de Tufão com Abarth), as carreteras Simca 81 e 82 e os carros de Marise Cayres e Leonie Cayres, os Simcas 64 e 65, respectivamente. Os Simcas classificaram-se em primeiro, com Jayme Silva pilotando o Abarth 26; segundo, com Ciro Cayres pilotando o Tempestade Perereca 82; quinto, com Toco a bordo da carreteira Simca 81; décimo segundo e décimo terceiro, com Marise Cayres na carreteira 64 e Chico Landi na carreteira 82; décimo oitavo, com Plinio Luersen no Simca 101; vigésimo quinto, com Georges Perrot dirigindo o protótipo Tufão-Abarth, e vigésimo sétimo, com Roberto Gomes a bordo do Simca 50. Depois dessa corrida, houve o Rali São Paulo-Poços de Caldas-São Paulo, quando a Simca venceu 43 concorrentes, com um Tufão pilotado pelo engenheiro Georges Perrot e Carlos Calza.

Ainda no mesmo mês, foi realizado o Primeiro Circuito de Vitória, em comemoração dos 414 anos da cidade. O circuito com calçamento de paralelepípedos muito irregular causava certa preocupação, pois, em princípio, tanto o Abarth, com sua suspensão que demonstrava ser frágil, quanto o Tempestade, que pulava como uma perereca, podiam se dar mal. No final, foi um dia de glórias para a Simca, que colocou um Abarth, de Jayme Silva, em primeiro lugar; o Tempestade Perereca conduzido por Ciro Cayres chegou em segundo, e

Protótipo Simca número 83, na Prova da Rodovia do Café. Apesar da carroceria Abarth, o motor era o V-8 do Tufão.

Jayme Silva venceu a 500 Quilômetros de Interlagos, recompensando os problemas com a alfândega.

mais dois Tufões, conduzidos por Lolli e Toco respectivamente, ocuparam o pódio, em sexto e oitavo lugares.

Em setembro, a Simca enfrentou um poderoso adversário na Barra da Tijuca representado pelo Ferrari 250 GTO 1958 com motor de doze cilindros. Essa prova foi um desastre para a empresa logo de início, pois a jamanta que transportava os Abarths de São Paulo para o Rio de Janeiro quebrou no meio do caminho. O atraso fez os carros chegarem só um dia depois e perderem as provas de classificação. Um fiscal alfandegário procurou Chico Landi e exigiu a autorização de importação; a licença para uso de todos os Abarths era válida por um ano e já havia expirado. O fiscal ameaçou apreender os carros; se corressem, seriam desclassificados. A corrida começou com Jayme Silva e Ciro Cayres nos Abarths, Lolli no Tempestade e Toco no protótipo Tufão. O Ferrari 250 era antigo, mas ainda forte, e liderou por quinze voltas. Uma maré de azar atingiu a equipe da Simca: Toco capotou com o protótipo Tufão; outra vez um conduto flexível da bomba de óleo estourou e encharcou o valente Ciro, além de sofrer o risco de provocar sérias queimaduras; e Jayme Silva não completou a volta por quebra de um cubo de roda traseiro. A prova terminou com Jayme Silva tendo dado 56 voltas, em quarto; seguido de Lolli no Tempestade em sétimo, com 52 voltas completadas. Depois da corrida, os Abarths voltaram de carreta para São Paulo, mas foram apreendidos pela alfândega ainda na via Anchieta e levados ao porto de Santos. Para resolver o problema, a Simca acionou seus advogados.

Em outubro, a imprensa informou "estar garantido mais um ano de permanência"; as negociações entre a Simca e a alfândega não eram públicas. Chico Landi, Ciro Cayres, Jayme Silva, Toco e os mecânicos exultaram, pois ainda dava tempo para largar na 500 Quilômetros de Interlagos. Jayme Silva disparou na frente e venceu! Foi uma surpresa enorme no boxe da Simca.

A participação da Simca em competições nesse ano ainda ocorreria em Cas-

Nas pistas

cavel, em um circuito misto de pedra, terra e asfalto com a participação de dois Simcas pilotados por Jovino Pigato e Nadir Cezardo, que chegaram em último e antepenúltimo lugar. No final do ano, Jayme Silva foi eleito o Melhor Piloto do Ano pela revista *Autoesporte*. Na mesma eleição, o piloto Walter Hahn Jr. venceu na categoria Turismo acima de 1.601 cm^3 pilotando um Simca.

1966 – O POTENCIAL NÃO REALIZADO

Os Abarths deveriam ser devolvidos, a equipe Simca tinha ficado sem um "novo Abarth" e aparentemente nenhum diretor negociou nada na França. Parecia que o baque provocado com a perda dos Simcas Abarth não havia desestimulado a empresa. Muito ao contrário, animou o engenheiro Pasteur, pois aportes de capital substanciais chegavam para a Simca, por meio da Chrysler, que assumira a matriz francesa.

No mercado, o sedã Tufão possuía naquele momento qualidade equiparável à da concorrência e trazia lucros à empresa. O engenheiro Pasteur tinha grandes planos: lançou nesse ano um novo motor, o Emi-Sul, e desejava construir um modelo de competição que depois pudesse ser fabricado em série, utilizando componentes nacionais. Isso mudou o escopo do Departamento de Competições, que passou a ser uma espécie de Departamento de Pesquisa e Desenvolvimento, voltando a ter a função de testes que possuía no início da Simca no Brasil. O engenheiro francês Georges Perrot, também piloto, foi alocado definitivamente para organizar o departamento do ponto de vista técnico e contratou Anísio Campos, que ficara famoso desenhando a carroceria do Carcará, o carro de recorde da Vemag.

A equipe decidiu ir para a segunda Seis Horas de Curitiba, com quatro carreteras vermelhas para as duplas Ciro e Joaquim Carlos "Cacaio" Teles de Matos, Jayme e Jaú, Toco e Lolli, Anísio Campos e Lauro Soares. Os corredores acabaram enfrentando um desafio inesperado: Walter Hahn

O Brasinca equipado com motor Chevrolet de seis cilindros liderou boa parte da Seis Horas de Curitiba.

Jr., antigo piloto da equipe Simca, comprara um Brasinca 4200 GT, convidando Expedito Marazzi como copiloto. O Brasinca liderou durante quatro horas, chegando a ficar cinco voltas à frente do Simca de Ciro Cayres, mas ficou sem embreagem e parou. As carreteras Simca venceram, ocupando os quatro primeiros lugares.

Como o desenvolvimento do protótipo Tufão-Abarth prosseguiu rapidamente, em fevereiro de 1966 Chico Landi apresentou um "pré-protótipo", com carroceria aberta de plástico e fibra, 2,20 m de entre-eixos, faróis carenados e mais de 200 km/h de velocidade máxima. O engenheiro Perrot, totalmente identificado com a ordem de Pasteur e com a experiência de ter pilotado o Tufão-Abarth em competição, disse que a Simca não tinha nenhum interesse em vencer com carros ou peças importadas. Os Abarths tinham sido apenas um laboratório para aprenderem, estudarem e testarem. O plano seria fazer berlinetas para correr, vencer e vender a particulares. Perrot e Landi, como Pasteur, achavam que já havia *expertise* nacional para tudo isso.

Tanto o motor Emi-Sul como um câmbio de três marchas com dispositivo que o transformava em um de seis estavam sendo testados; mas era tudo muito pesado e funcionava pior do que o câmbio do Abarth. A Simca também não conseguia fornecedores brasileiros que pudessem fazer componentes segundo as exigentes especificações quanto à resistência. Em fevereiro, o carro foi levado a Interlagos, andou em tempos aceitáveis e deixou Ciro, Toco, Jayme, Chico e Perrot exultantes, apesar de o motor ter queimado uma junta do cabeçote e o carro possuir uma aparência nada atrativa.

Em março, a equipe resolveu tentar a sorte na Argentina e participar do Gran Premio Internacional Argentino, uma prova de estrada de 5.000 km. Chico Landi – então com 59 anos – e os pilotos Jayme, Ciro e Toco, além do engenheiro Perrot, mudaram o Departamento de Competições para Belo Horizonte, onde a Simca ainda mantinha um galpão. Imaginaram que as estradas mineiras poderiam reproduzir as condições argentinas e iniciaram um treinamento "para adquirir experiência".

Em abril, os juízes do Prêmio Victor, da revista *Quatro Rodas*, decidiram agraciar Jayme Silva. A cerimônia de entrega ocorreu em abril de 1966, mesmo mês em que o Emi-Sul foi anunciado à imprensa. A partir de então, a fábrica decidiu apenas dar apoio a alguns particulares e cedeu suas carreteras. Para efeitos práticos, o Departamento de Competições da Simca, o mais organizado de todas as fábricas, estava terminado. E foi desse jeito, com equipes particulares assistidas por pilotos e mecânicos da fábrica, que a Simca participou da 24 Horas de Interlagos em maio. Foi uma boa par-

A Simca só participou da 24 Horas de Interlagos com equipes particulares assistidas por pilotos e mecânicos da fábrica.

ticipação, com destaque para o Simca 88 de Walter Hahn Jr e Expedito Marazzi. Com muita regularidade, eles chegaram na quarta posição.

Os carros da Simca continuaram participando de provas por todo o Brasil de forma particular, sem muita chance de vitória. A equipe oficial de vez em quando apoiava alguns pilotos, mas estava concentrada na prova da Argentina que ocorreria em 19 de outubro, considerada na época a corrida mais difícil do mundo. Chico Landi mandou para a Argentina cinco carros, pilotados por Ciro, Jayme, Toco, um uruguaio e um argentino. O intuito da Simca era claro: chegar ao final da corrida sem pensar em vitória e promover o recém-lançado Emi-Sul. Os Simcas foram pintados de verde e amarelo. Chico chefiava a equipe, mas a aventura foi marcada por improvisação e imaturidade.

Ciro, Jayme e Toco não passaram da primeira fase, ainda nos pampas. Problemas nas juntas dos cabeçotes e nos mancais do virabrequim deixaram os carros parados. O argentino e o uruguaio chegaram à segunda fase, mas não a terminaram; o uruguaio andou com seis cilindros durante longo período.

Pasteur tinha a percepção de que dificilmente estaria nos planos de uma companhia americana, pois sua gestão não trouxe bons resultados financeiros. Ele estava certo. Novembro marcou um ponto triste na história da Simca: Victor G. Pike, o interventor da Chrysler, despediu toda a diretoria, incluindo Pasteur e Georges Perrot. De um dia para o outro, o Departamento de Competições da Simca, um dos mais vibrantes dos tempos pioneiros da indústria automobilística brasileira, passou a fazer parte da história.

CAPÍTULO 5

CURIOSIDADES

FAMOSOS

Quem gostava de carros e tinha o privilégio de assistir à televisão, no início do anos 1960, talvez se recorde da música que marcou o primeiro seriado especialmente produzido para televisão: "De noite ou de dia, firme no volante. Vai pela rodovia, bravo vigilante guardando toda a estrada, forte e confiante..."

Idealizado e dirigido por Ary Fernandes e produzido por Alfredo Palácios, tinha como protagonista o inspetor Carlos, interpretado pelo até então desconhecido ator Carlos Miranda. O Vigilante Rodoviário tinha ao seu lado um fiel escudeiro, um pastor alemão chamado Lobo, e os dois se dedicavam a lutar contra o crime e a contravenção nas estradas do Brasil. Como os policiais rodoviários, o personagem transmitia simpatia, inspirava proteção e segurança e veiculava mensagens educativas, servindo como uma espécie de relações públicas e publicidade da corporação.

Os veículos utilizados para o combate ao crime e a captura dos meliantes em fuga eram uma motocicleta Harley-Davidson dos anos 1950 e, ele mesmo, o Simca Chambord! Era um modelo 1960, pintado de amarelo e preto, com autorização para usar na porta as cores e o brasão da Polícia Rodoviária Estadual da época, e equipado com farolete vermelho e sirene sobre o teto, além de uma imitação de radiotransmissor.

O primeiro dos 38 episódios foi ao ar em março de 1961 pela TV Tupi, no canal 3. O seriado era exibido na quarta-feira em São Paulo e na quinta-feira no Rio de Janeiro, sempre às 20h00. Devido às dificuldades tecnológicas da época, as películas eram levadas ao Rio de Janeiro por transporte rodoviário, logo após serem exibidas em São Paulo. A série atravessou bem os anos 1960 até a década de 1970, reprisada pelas TVs Excelsior, Cultura, Globo e Record, sempre com boa audiência – durou mais do que o Simca! Dois Simcas Chambord foram emprestados pela fábrica para o seriado e devolvidos após a gravação do último episódio, em 1962. Como disse Carlos Miranda, talvez ele tenha sido o maior "garoto-propaganda" da marca no Brasil.

Com o encerramento da série, Carlos Miranda tornou-se o tenente-coronel Carlos Miranda, patrulheiro da Polícia Rodo-

Curiosidades

O famoso Simca Chambord utilizado pelo Vigilante Rodoviário, com as cores e o brasão da Polícia Rodoviária Estadual da época.

viária do Estado de São Paulo, e permaneceu na ativa de 1965 até 1988. Atualmente é oficial da reserva. Os dois protagonistas, Carlos Miranda e Lobo, afeiçoaram-se de tal maneira que o pastor alemão garantiu sua moradia após deixar o estrelato e ganhou um dono afetuoso. Um ser humano admirável, Carlos ainda tem um dos exemplares Simca usado nas filmagens (encontrado em um ferro-velho quase trinta anos depois) e um cão pastor chamado Lobo, tataraneto do "astro" das filmagens...

Uma frota de carros Simca que prestava serviço de alto nível para os que não podiam ter um carro próprio, mas podiam arcar com os custos maiores envolvidos, também era muito conhecida entre os brasileiros. O serviço expresso era uma opção para aqueles que queriam viajar sem abrir mão de certo conforto e evitar os atrasos e outras precariedades do transporte coletivo provido pelos ônibus.

Vistos na via Anchieta e na Rio-Petrópolis, fizeram sucesso nas estradas e eram mais conhecidos como "Expressinho". Esses carros de aluguel eram operados por algumas empresas, dentre as quais se destacaram por sua longevidade a Rápido Zefir (que também mantinha um serviço de ônibus) e a Expresso Luxo. As empresas proviam o carro e o motorista, funcionando como lotação na maior parte das vezes, para baratear o aluguel dos carros. O motorista da empresa buscava os passageiros em casa e os levava ao litoral e vice-versa.

Com o tempo os Simcas substituíram os carros americanos que faziam esses serviços de transporte quase particular. Os acidentes e as quebras na estrada eram relativamente raros, graças a uma excelente manutenção e à confiabilidade do veículo e de seu condutor.

Nos anos seguintes, o Simca foi um importante participante em algumas novelas. Na bem-sucedida *Estúpido Cupido*, da Rede Globo, Ney Latorraca interpretava um personagem que tinha o sonho de comprar um Simca Chambord.

Já nos anos 1980, o grupo Camisa de Vênus nos presenteou com um rock cujo refrão dizia: "Fazendo Simca Chambord". No final da música o refrão mudava: "Acabaram com o Simca Chambord". Essa canção despertou a curiosidade dos jovens que nunca tinham ouvido falar do Simca Chambord.

Na década de 1960, era comum cruzar com o Simca da Viação Rápido Zefir na via Anchieta e na estrada Rio de Janeiro-Petrópolis.

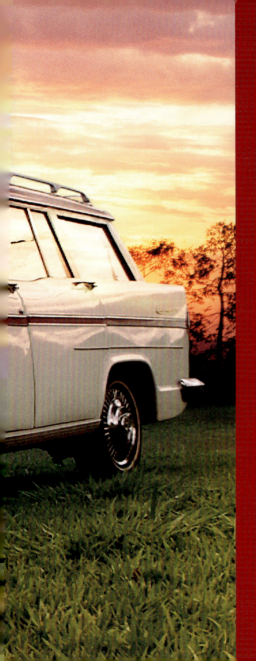

CAPÍTULO 6

DADOS TÉCNICOS

FICHA TÉCNICA

MOTOR

Dianteiro, oito cilindros em V com válvulas laterais.
Diâmetro: 66,065 mm, curso: 85,725, cilindrada total: 2.351 cm³, potência: 84 cv a 4.800 rpm, taxa de compressão: 7,5 : 1.

Lubrificação
Sob pressão por bomba de engrenagens, com filtro de óleo.

Arrefecimento
Com radiador, circulação de água por bomba centrífuga, controlada por dois termostatos.

Alimentação
Por bomba de gasolina mecânica.

Filtro de ar
Por bomba de óleo e tela.

Ignição
Por bateria, bobina e distribuidor com avanço automático, ordem de ignição: 1-5-4-8-6-3-7-2.

Sistema elétrico
12 volts.

Carburador
Zenith Stromberg 32 NDIX duplo, afogador progressivo de comando manual.

TRANSMISSÃO

Tração
Rodas traseiras.

Embreagens
Monodisco a seco.

Caixa de mudanças
Três velocidades para frente e marcha a ré, sendo a 2ª e a 3ª sincronizadas, relações das marchas:
1ª 3,114:1 - 2ª 1,772:1 - 3ª 1:1 - ré 4,004:1.

Eixo traseiro
Diferencial hipoide com redução 3,90:1.

CHASSI

Tipo monobloco

Suspensão dianteira
Independente McPherson, molas helicoidais, amortecedores hidráulicos de dupla ação e barra estabilizadora.

Dados técnicos

Suspensão traseira
Eixo rígido, feixe de molas semielípticas longitudinais, amortecedores telescópicos hidráulicos de dupla ação.

Freios
Hidráulicos com tambores de 200 mm nas quatro rodas, Twimplex na frente e autoajustável atrás.

Freio de estacionamento
Mecânico, acionado por cabo, nas rodas traseiras.

Direção
Tipo Gemmer de rosca sem-fim e setor, redução 16,2 : 1.

DIMENSÕES

Comprimento: 4,75 m, altura: 1,45 m, largura: 1,77 m; distância entre eixos: 2,69 m; bitola dianteira: 1,37 m; bitola traseira: 1,34 m; peso: 1.245 kg, com tanque cheio; peso máximo permitido: 1.715 kg.

Capacidades
Cárter: 4,5 litros, dos quais 0,5 litro permanece no filtro; caixa de mudanças: 1,5 litro; diferencial: 1,2 litro; tanque de combustível: 60 litros; sistema de arrefecimento: 17 litros.

Tabela de produção

ANOS	1959	1960	1961	1962	1963	1964	1965	1966	1967	1968	TOTAL
Chambord	1.217	3.570	5.641	6.120	7.042	9.034	5.647	4.367	272	0	42.910
Présidence	0	63	173	120	103	189	128	72	0	0	848
Jangada	0	0	0	215	1.450	652	220	135	33	0	2.705
Rallye	0	0	0	449	592	1.213	1.141	597	0	0	3.992
Alvorada	0	0	0	0	378	0	0	0	0	0	378
Esplanada	0	0	0	0	0	0	0	116	2.358	6.342	8.816
Regente	0	0	0	0	0	0	0	0	1.068	2.212	3.280
GTX	0	0	0	0	0	0	0	0	0	10	10
Total geral	1.217	3.633	5.814	6.904	9.565	11.088	7.136	5.287	3.731	8.564	62.939

Fonte: Simca do Brasil S.A. – com base em tabela fornecida pelo Cedoc/a Anfavea.
Obs: Os anos de 1957 e 1958 foram suprimidos da tabela pois os veículos eram CKD.

FONTES DE CONSULTA

LIVROS

BALDWIN. N.; GEORGANO, G.N.; SEDGWICK, M.; LABAN, B. *The World Guide to Automobile*. Londres: McDonald & Com, 1987.

BELLU, R. *Automobilia, revista e números especiais – esp. n. 20*. Paris: Histoire et Collections, 1995-2001.

CIVITA, V (editor). *Enciclopédia do Automóvel*. Versão brasileira de um original italiano, por vários autores e tradutores. São Paulo: Abril Cultural e Industrial, 1974.

GEORGANO, N. *The Beaulieu Encyclopedia of the Automobile*. Londres: The Stationery Office, 2000.

IARD, I. *Motoring for the Millions*. Poole: Blandford Press, 1981.

LAGNWORTH, R.M. *The Complete History of Ford Motor Company*. Beekman House, 1987.

SALLES, M. Vários artigos na revista *Mecânica Popular* (Testes e coluna Sirena de São Paulo), 1961-1962.

SANDLER, P.C. Vários artigos na *Folha de S.Paulo*, Antigomobilismo Magazine, Autos Antigos, Car Collector's, Oficina Mecânica, 1963-2003.

STRAUB, R. *Classics on the Streets: an automotive odyssey France 153*. Dublin (New Hampshire): William L. Bauhan, 1998.

REVISTAS

Autoesporte, vários números, de 1966 a 1970.

Auto-Katalog, de 1963 até 2000. Stuttgart; Vereinigte Motor-Verlag.

Auto Magazine – anuários de 1950 a 1953; editada por Anésio Amaral, São Paulo.

L'Automobile, de 1963 a 1965.

Mecânica Popular, em espanhol e português, de 1953 a 1962.

Popular Mechanics, de 1948 a 1959.

Quatro Rodas, de 1960 a 1967, Editora Abril.

Quattro Ruote, de 1956 a 1965, Editoriale Domus.

Velocidade, de 1952 a 1961; editada por Anésio Amaral e Archangelo Lacava.

CRÉDITO DAS IMAGENS

Abreviações: a = acima; b = embaixo; c = no centro; d = à direita; e = à esquerda.
Na falta de especificações, todas as fotos da página vieram da mesma fonte.

Páginas 4-5, 6, 7, 8, 9, 10, 11, 12, 13, 14, 15, 16, 17, 18, 19, 20, 21, 22, 23, 24, 25, 26, 27, 31: arquivo do autor.
Páginas 28-9, 37, 43, 67b, 88: Anfavea/Cedoc.
Páginas 30, 32, 33, 34, 36, 42d, 81e, 90: revista *Simca*.
Páginas 35, 39, 41, 44: Héléne Pasteur/Marcelo Viana.
Página 40: Gabriel Marazzi.
Páginas 42e, 81d, 82b: Manoel Simões Ricardo.
Páginas 45, 46-7, 48, 49, 50, 51, 52 , 53, 54, 55, 56, 57, 58-9, 60, 61, 62, 63, 64, 65, 66, 67a, 68, 69, 70, 71, 72, 73, 74, 75: fotos de Rogério de Simone.
Páginas 76-7: Anísio Campos.
Páginas 78, 84, 86, 87: *Interlagos*, de Paulo Scali.
Páginas 80, 82a, 89, 91, 92, 93, 94, 95, 97: revista *Autoesporte*, Editora Globo.

Conheça os outros títulos da série:

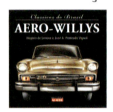  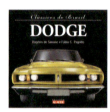

  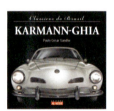

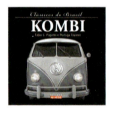